www.ingramcontent.com/pod-product-compliance
Lightning Source LLC
LaVergne TN
LVHW010612070526
838199LV00063BA/5148
* 9 7 8 9 3 5 8 7 2 8 8 2 8 *

اخلاقِ نبویؐ

(مضامین)

محمد رفیع مفتی

© Mohd Rafi Mufti

Akhlaaq-e-Nabavii (Essays)
by: Mohd Rafi Mufti
Edition: January '2024
Publisher :
Taemeer Publications LLC (Michigan, USA / Hyderabad, India)

ISBN 978-93-5872-882-8
9 789358 728828

مصنف یا ناشر کی پیشگی اجازت کے بغیر اس کتاب کا کوئی بھی حصہ کسی بھی شکل میں بشمول ویب سائٹ پر اَپ لوڈنگ کے لیے استعمال نہ کیا جائے۔ نیز اس کتاب پر کسی بھی قسم کے تنازع کو نمٹانے کا اختیار صرف حیدرآباد (تلنگانہ) کی عدلیہ کو ہوگا۔

© محمد رفیع مفتی

کتاب	:	**اخلاقِ نبویؐ** (مضامین)
مصنف	:	**محمد رفیع مفتی**
پروف ریڈنگ / تدوین	:	اعجاز عبید
صنف	:	سیرت النبیؐ
ناشر	:	تعمیر پبلی کیشنز (حیدرآباد، انڈیا)
سالِ اشاعت	:	۲۰۲۴ء
صفحات	:	۶۶
سرورق ڈیزائن	:	تعمیر ویب ڈیزائن

فہرست

(۱)	فضائلِ اخلاق	6
(۲)	شرکیہ اعمال	15
(۳)	والدین سے حسن سلوک	28
(۴)	صلہ رحمی و قطع رحمی	33
(۵)	محرم کے بغیر سفر اور نامحرم کے ساتھ تخلیہ کی مناہی	44
(۶)	تکبر کی مناہی	49
(۷)	حقیقتِ ایمان	61

(۱) فضائلِ اخلاق

اتمامِ اخلاق --- مقصدِ بعثت

(۱) عَنْ أَبِي هُرَيْرَةَ قَالَ قَالَ رَسُولُ اللَّهِ صَلَّى اللَّهُ عَلَيْهِ وَسَلَّمَ: إِنَّمَا بُعِثْتُ لِأُتَمِّمَ صَالِحَ الْأَخْلَاقِ. (احمد، رقم ۸۹۵۲)

"ابو ہریرہ رضی اللہ عنہ کہتے ہیں کہ رسول اللہ صلی اللہ علیہ وسلم نے فرمایا: میں اچھے اخلاق کو اُن کے اتمام تک پہنچانے کے لیے مبعوث کیا گیا ہوں۔"

توضیح:

ہر مسلمان سے دین کا اہم ترین مطالبہ تزکیہ اخلاق ہے۔ آخرت کی کامیابی کے لیے یہ لازم ہے کہ انسان خالق اور مخلوق دونوں کے ساتھ اپنے عمل کو پاکیزہ بنائے۔ پاکیزہ عمل ہی کو عمل صالح کہا جاتا ہے۔ تمام شریعت اسی کی فرع ہے۔ نبی صلی اللہ علیہ وسلم کی بعثت کا اصل مقصد یہی تھا کہ آپ اعلیٰ اخلاق کی تکمیل کر دیں۔

اخلاقِ نبوی اور آپ کا معیارِ فضیلت

(۲) عَنْ عَبْدِ اللَّهِ بْنِ عَمْرٍو رَضِيَ اللَّهُ عَنْهُمَا قَالَ لَمْ يَكُنْ النَّبِيُّ صَلَّى اللَّهُ عَلَيْهِ وَسَلَّمَ فَاحِشًا وَلَا مُتَفَحِّشًا وَكَانَ يَقُولُ: إِنَّ مِنْ خِيَارِكُمْ أَحْسَنَكُمْ أَخْلَاقًا. (صحیح بخاری، رقم ۳۵۵۹)

"عبداللہ بن عمرو رضی اللہ عنہ سے روایت ہے کہ نبی صلی اللہ علیہ وسلم بد گوئی کرنے والے تھے نہ بد زبانی۔ آپ فرمایا کرتے تھے: تم میں سے بہترین لوگ وہی ہیں جو اپنے اخلاق میں دوسروں سے اچھے ہیں۔"

(۳) عَنْ مَسْرُوقٍ قَالَ دَخَلْنَا عَلَى عَبْدِ اللَّهِ بْنِ عَمْرٍو حِينَ قَدِمَ مُعَاوِيَةُ إِلَى الْكُوفَةِ فَذَكَرَ رَسُولَ اللَّهِ صَلَّى اللَّهُ عَلَيْهِ وَسَلَّمَ فَقَالَ لَمْ يَكُنْ فَاحِشًا وَلَا مُتَفَحِّشًا وَقَالَ قَالَ رَسُولُ اللَّهِ

صَلَّى اللَّهُ عَلَيْهِ وَسَلَّمَ: إِنَّ مِنْ خِيَارِكُمْ أَحَاسِنَكُمْ أَخْلَاقًا۔ (صحیح مسلم، رقم ٦٠٣٣)

"مسروق سے روایت ہے کہ جب معاویہ رضی اللہ عنہ کوفہ آئے تو ہم (ان کے ساتھ آنے والے صحابی) عبداللہ بن عمرو سے ملنے گئے۔ انھوں نے دورانِ گفتگو رسول اللہ صلی اللہ علیہ وسلم کا ذکر چھیڑا اور یہ بتایا کہ آپ نہ بدگوئی کرنے والے تھے نہ بدزبانی اور یہ بھی بتایا کہ رسول اللہ صلی اللہ علیہ وسلم نے فرمایا ہے: "تم میں سے بہترین لوگ وہی ہیں جو اپنے اخلاق میں دوسروں سے اچھے ہیں۔"

(٤) قَالَ عَبْدُ اللَّهِ بْنُ عَمْرٍو إِنَّ رَسُولَ اللَّهِ صَلَّى اللَّهُ عَلَيْهِ وَسَلَّمَ لَمْ يَكُنْ فَاحِشًا وَلَا مُتَفَحِّشًا وَقَالَ: إِنَّ مِنْ أَحَبِّكُمْ إِلَيَّ أَحْسَنَكُمْ أَخْلَاقًا۔ (بخاری، رقم ٣٧٥٩)

"عبداللہ بن عمرو کہتے ہیں کہ رسول اللہ صلی اللہ علیہ وسلم نہ بدگوئی کرنے والے تھے نہ بدزبانی۔ آپ کا ارشاد ہے: مجھے تم میں سے وہی لوگ سب سے زیادہ محبوب ہیں جو دوسروں سے بہتر اخلاق والے ہیں۔"

توضیح:

اللہ تعالیٰ قرآن مجید میں نبی صلی اللہ علیہ وسلم کے بارے میں فرماتا ہے، (انک لعلی خلق عظیم) "بے شک آپ اعلیٰ اخلاق پر فائز ہیں"۔

یہ احادیث آپ کے انھی اخلاق عالیہ کے اس پہلو کو بیان کرتی ہیں کہ آپ تلخ و شیریں، غصہ و محبت، اچھے اور برے کسی حال میں بھی بدگوئی اور بدزبانی کرنے والے نہ تھے۔ آپ خود بھی اعلی اخلاق کے حامل تھے اور آپ کے نزدیک وہی لوگ زیادہ پسندیدہ تھے جو اخلاق میں دوسروں سے بہتر ہوتے تھے۔

اخلاقِ حسنہ کی حیثیت

(٥) عَنْ أَبِي الدَّرْدَاءِ عَنْ النَّبِيِّ صَلَّى اللَّهُ عَلَيْهِ وَسَلَّمَ قَالَ: مَا مِنْ شَيْءٍ أَثْقَلُ فِي الْمِيزَانِ مِنْ حُسْنِ الْخُلُقِ۔

(ابوداؤد، رقم٤٧٩٩)

"ابو درداء رضی اللہ عنہ سے روایت ہے کہ نبی صلی اللہ علیہ وسلم نے فرمایا: قیامت کے دن میزان میں کوئی چیز بھی اچھے اخلاق سے زیادہ وزنی نہ ہو گی"۔

(٦) عَنْ أَبِی الدَّرْدَاءِ أَنَّ النَّبِیَّ صَلَّی اللَّهُ عَلَيْهِ وَسَلَّمَ قَالَ: مَا شَیْءٌ أَثْقَلُ فِی مِيزَانِ الْمُؤْمِنِ يَوْمَ الْقِيَامَةِ مِنْ خُلُقٍ حَسَنٍ وَإِنَّ اللَّهَ لَيُبْغِضُ الْفَاحِشَ الْبَذِیءَ۔ (ترمذی، رقم ٢٠٠٢)

"ابو درداء رضی اللہ عنہ سے روایت ہے کہ نبی صلی اللہ علیہ وسلم نے فرمایا: قیامت کے دن مؤمن کی میزان میں کوئی چیز بھی اُس کے اچھے اخلاق سے زیادہ وزنی نہ ہو گی اور بے شک اللہ تعالیٰ بے حیا بد گو شخص کو دشمن رکھتا ہے۔"

توضیح:

وہ بہترین عمل جس کا انسان تصور کر سکتا ہے، وہ اس کا اچھا اخلاق ہی ہے، چنانچہ یہی عمل اس کی میزان میں سب سے زیادہ وزنی ہو گا۔ بے حیائی اور بد گوئی، ان دونوں صفات کو وہی شخص اپنا سکتا ہے جو اخلاق سے اصلاً عاری ہو۔ یہی وجہ ہے کہ ایسا شخص اللہ تعالیٰ کے ہاں مبغوض ہے۔

اخلاق حسنہ کا درجہ

(٧) عَنْ عَائِشَةَ رَحِمَهَا اللَّهُ قَالَتْ سَمِعْتُ رَسُولَ اللَّهِ صَلَّی اللَّهُ عَلَيْهِ وَسَلَّمَ يَقُولُ: إِنَّ الْمُؤْمِنَ لَيُدْرِكُ بِحُسْنِ خُلُقِهِ دَرَجَةَ الصَّائِمِ الْقَائِمِ۔ (ابو داؤد، رقم ٤٧٩٨)

"عائشہ رحمھا اللہ سے روایت ہے کہ میں نے نبی صلی اللہ علیہ وسلم کو یہ فرماتے ہوئے سنا ہے کہ بندہ مومن حسن اخلاق سے وہی درجہ حاصل کر لیتا ہے جو دن کے روزوں اور رات کی نمازوں سے حاصل ہوتا ہے۔"

(٨) عَنْ أَبِی الدَّرْدَاءِ قَالَ سَمِعْتُ النَّبِیَّ صَلَّی اللَّهُ عَلَيْهِ وَسَلَّمَ يَقُولُ: مَا مِنْ شَیْءٍ يُوضَعُ فِي الْمِيزَانِ أَثْقَلُ مِنْ حُسْنِ الْخُلُقِ وَإِنَّ صَاحِبَ حُسْنِ الْخُلُقِ لَيَبْلُغُ بِهِ دَرَجَةَ صَاحِبِ الصَّوْمِ وَالصَّلَاةِ۔ (ترمذی، رقم٢٠٠٣)

"ابو درداء رضی اللہ عنہ سے روایت ہے کہ میں نے نبی صلی اللہ علیہ وسلم کو یہ فرماتے ہوئے سنا کہ میزان میں کوئی بھی ایسی چیز نہ رکھی جائے گی جو حسن خلق سے بھی زیادہ وزنی ہو۔ انسان اپنے اچھے اخلاق سے دن بھر روزے رکھنے اور رات بھر نماز پڑھنے والے شخص کا درجہ حاصل کرلیتا ہے۔"

توضیح:

اللہ کی رضا کے لیے دن بھر روزے رکھنا اور رات بھر نماز پڑھنا یقیناً یہ دونوں بہت بڑے اعمال ہیں اور انسان ان سے بہت بلند درجہ حاصل کرلیتا ہے۔ آپ نے اخلاق عالیہ کی فضیلت بیان کرتے ہوئے فرمایا کہ یہی درجہ انسان اچھے اخلاق سے بھی حاصل کر سکتا ہے۔

نیکی اور بدی---- اچھا اور برا اخلاق

(٩) عَنِ النَّوَّاسِ بْنِ سِمْعَانَ الْأَنْصَارِيِّ قَالَ سَأَلْتُ رَسُوْلَ اللّٰهِ صَلَّى اللّٰهُ عَلَيْهِ وَسَلَّمَ عَنِ الْبِرِّ وَالْإِثْمِ فَقَالَ:الْبِرُّ حُسْنُ الْخُلُقِ وَالْإِثْمُ مَا حَاكَ فِى صَدْرِكَ وَكَرِهْتَ أَنْ يَّطَّلِعَ عَلَيْهِ النَّاسُ۔ (مسلم، رقم ٦٥١٦)

نواس بن سمعان رضی اللہ عنہ سے روایت ہے کہ میں نے نبی صلی اللہ علیہ وسلم سے نیکی اور گناہ کے بارے میں پوچھا تو آپ نے فرمایا: نیکی حسن اخلاق ہے اور گناہ وہ ہے جو تمھارے دل میں کھٹک پیدا کر دے اور تم یہ پسند نہ کرو کہ دوسرے لوگ اُسے جانیں۔"

توضیح:

دوسروں کے ساتھ نیکی اور اچھے برتاؤ ہی کا نام حسن اخلاق ہے۔ انسان نیکی اور بدی کو فطری طور پر جانتا ہے۔ یہی وجہ ہے کہ ہر انسان دوسرے کی جانب سے اپنے لیے حسن اخلاق کا طالب ہوتا ہے اور بدی یعنی برے اخلاق کو ناپسند کرتا ہے اور اگر وہ خود کسی

برائی میں مبتلا ہو تو دوسروں کے سامنے اس کا افشا پسند نہیں کرتا۔

صراطِ مستقیم کی مثال

(۱۰)۔ عَنِ النَّوَّاسِ بْنِ سَمْعَانَ الْكِلَابِيِّ قَالَ قَالَ رَسُولُ اللَّهِ صَلَّى اللَّهُ عَلَيْهِ وَسَلَّمَ: إِنَّ اللَّهَ ضَرَبَ مَثَلًا صِرَاطًا مُسْتَقِيمًا عَلَى كَنَفَيْ الصِّرَاطِ زُورَانِ لَهُمَا أَبْوَابٌ مُفَتَّحَةٌ عَلَى الْأَبْوَابِ سُتُورٌ وَدَاعٍ يَدْعُو عَلَى رَأْسِ الصِّرَاطِ وَدَاعٍ يَدْعُو فَوْقَه (وَاللَّهُ يَدْعُوا إِلَى دَارِ السَّلَامِ وَيَهْدِى مَنْ يَشَاءُ إِلَى صِرَاطٍ مُسْتَقِيمٍ) وَالْأَبْوَابُ الَّتِي عَلَى كَنَفَيْ الصِّرَاطِ حُدُودُ اللَّهِ فَلَا يَقَعُ أَحَدٌ فِى حُدُودِ اللَّهِ حَتَّى يُكْشَفَ السِّتْرُ وَالَّذِى يَدْعُو مِنْ فَوْقِهِ وَاعِظُ رَبِّهِ۔ (ترمذی، رقم ۲۸۵۹)

"نواس بن سمعان کلابی رضی اللہ عنہ سے روایت ہے کہ نبی صلی اللہ علیہ وسلم نے فرمایا: اللہ تعالیٰ نے صراطِ مستقیم کی مثال بیان کی ہے کہ وہ ایسا راستہ ہے جس کے دونوں طرف دو دیواریں ہیں، جن میں جابجا دروازے کھلے ہوئے ہیں اور اُن پر پردے پڑے ہوئے ہیں۔ ایک بلانے والا اس راستے کے سرے پر بلا رہا ہے اور دوسرا اس کے اوپر سے بلا رہا ہے۔ (اللہ دارالسلام (جنت) کی طرف بلاتا ہے اور وہ جسے چاہتا ہے صراط مستقیم کی طرف ہدایت دیتا ہے)۔ یہ دروازے جو صراط مستقیم کی دونوں اطراف پر ہیں، یہ اللہ کی حدود ہیں، کوئی شخص بھی ان حدود میں داخل نہیں ہو سکتا جب تک کہ پردہ نہ اٹھایا جائے اور وہ جو اس راستے کے اوپر سے بلا رہا ہے وہ اس کے رب کا ایک واعظ ہے۔"

(۱۱) عَنِ النَّوَّاسِ بْنِ سَمْعَانَ الْأَنْصَارِيِّ عَنْ رَسُولِ اللَّهِ صَلَّى اللَّهُ عَلَيْهِ وَسَلَّمَ قَالَ: ضَرَبَ اللَّهُ مَثَلًا صِرَاطًا مُسْتَقِيمًا وَعَلَى جَنْبَتَيْ الصِّرَاطِ سُورَانِ فِيهِمَا أَبْوَابٌ مُفَتَّحَةٌ وَعَلَى الْأَبْوَابِ سُتُورٌ مُرْخَاةٌ وَعَلَى بَابِ الصِّرَاطِ دَاعٍ يَقُولُ أَيُّهَا النَّاسُ ادْخُلُوا الصِّرَاطَ جَمِيعًا وَلَا تَتَفَرَّجُوا وَدَاعٍ يَدْعُو مِنْ جَوْفِ الصِّرَاطِ فَإِذَا أَرَادَ يَفْتَحُ شَيْئًا مِنْ تِلْكَ الْأَبْوَابِ قَالَ وَيْحَكَ لَا تَفْتَحْهُ فَإِنَّكَ إِنْ تَفْتَحْهُ تَلِجْهُ وَالصِّرَاطُ الْإِسْلَامُ وَالسُّورَانِ حُدُودُ اللَّهِ تَعَالَى وَالْأَبْوَابُ الْمُفَتَّحَةُ مَحَارِمُ اللَّهِ تَعَالَى وَذَلِكَ الدَّاعِى عَلَى رَأْسِ الصِّرَاطِ كِتَابُ اللَّهِ عَزَّ وَجَلَّ وَالدَّاعِى فَوْقَ الصِّرَاطِ وَاعِظُ اللَّهِ فِى قَلْبِ كُلِّ مُسْلِمٍ۔ (مسند احمد، رقم ۱۷۱۸۲)

"نواس بن سمعان انصاری رضی اللہ عنہ سے روایت ہے کہ نبی صلی اللہ علیہ وسلم نے فرمایا: اللہ تعالیٰ نے صراطِ مستقیم کی مثال بیان کی ہے کہ اس (راستے) کے دونوں طرف دو دیواریں کھنچی ہوئی ہیں، ان میں جا بجا کھلے ہوئے دروازے ہیں، جن پر پردے پڑے ہوئے ہیں۔ راستے کے سرے پر ایک پکارنے والا پکار رہا ہے کہ اے لوگو سب اس راستے پر آجاؤ اور اس سے نہ ہٹو اور ایک پکارنے والا اس کے اندر سے پکار رہا ہے، چنانچہ جب کوئی شخص ان دروازوں میں سے کسی کا پردہ اٹھانا چاہتا ہے تو وہ پکار کر کہتا ہے: خبر دار، پردہ نہ اٹھانا۔ اٹھاؤ گے تو اندر چلے جاؤ گے۔ (آپ نے فرمایا:) یہ راستہ اسلام ہے، دیواریں اللہ کے حدود ہیں، دروازے اُس کی قائم کردہ حرمتیں ہیں، راستے کے سرے پر پکارنے والا منادی قرآن مجید ہے اور راستے کے اوپر سے پکارنے والا منادی خدا کا وہ واعظ ہے جو ہر بندہ مومن کے دل میں موجود ہے"۔

توضیح:

ان احادیث میں صراط مستقیم، اس کے ارد گرد موجود دنیوی ترغیبات، اِن ترغیبات کا انسان کیسے شکار ہوتا ہے، قرآن مجید کی دعوت کیا ہے اور ضمیر انسان کی زندگی میں کیا کردار ادا کرتا ہے، اس سب کچھ کو بہت عمدہ اور بڑی واضح تمثیل میں بیان کیا گیا ہے۔ اس سے معلوم ہوتا ہے کہ اللہ تعالیٰ نے اِس دنیا کو بڑی متوازن صورت میں آزمائش بنایا ہے۔ اس میں اگر ایک طرف نافرمانی کی ترغیبات موجود ہیں تو اُس کے مقابل میں اس سے روکنے کے لیے تنبیہات بھی موجود ہیں، چنانچہ یہاں اگر کوئی شخص جرم کرتا ہے تو وہ صرف اپنے فیصلے اور اپنے ارادے ہی سے کرتا ہے۔ وہ کسی دوسرے کو اپنی بد عملی کا ذمہ دار نہیں ٹھہرا سکتا۔

اعمالِ صالحہ کا دار و مدار

اخلاقِ نبویؐ (مضامین) 12 محمد رفیع مفتی

(١٢) عَلْقَمَةَ بْنَ وَقَّاصٍ اللَّيْثِيَّ يَقُولُ سَمِعْتُ عُمَرَ بْنَ الْخَطَّابِ رَضِيَ اللَّهُ عَنْهُ عَلَى الْمِنْبَرِ قَالَ سَمِعْتُ رَسُولَ اللَّهِ صَلَّى اللَّهُ عَلَيْهِ وَسَلَّمَ يَقُولُ: إِنَّمَا الْأَعْمَالُ بِالنِّيَّاتِ وَإِنَّمَا لِكُلِّ امْرِءٍ مَا نَوَى فَمَنْ كَانَتْ هِجْرَتُهُ إِلَى دُنْيَا يُصِيبُهَا أَوْ إِلَى امْرَأَةٍ يَنْكِحُهَا فَهِجْرَتُهُ إِلَى مَا هَاجَرَ إِلَيْهِ۔ (بخاری، رقم١)، (مسلم، رقم ٤٩٢٧)

"علقمہ بن وقاص لیثی کہتے ہیں کہ میں نے عمر بن خطاب رضی اللہ عنہ کو منبر پر یہ کہتے ہوئے سنا کہ میں نے رسول اللہ صلی اللہ علیہ وسلم کو یہ فرماتے ہوئے سنا ہے: اعمال کا دارومدار تو بس نیتوں پر ہے۔ ہر آدمی کے لیے وہی کچھ ہو گا جس کی اُس نے نیت کی ہو گی۔ چنانچہ جس کی ہجرت دنیا کی کسی چیز کے لیے ہوئی جسے وہ پانا چاہتا تھا یا کسی عورت کی خاطر ہوئی جس سے وہ نکاح کرنا چاہتا تھا تو اُس کی ہجرت (خدا اور اُس کے رسول کے لیے نہیں بلکہ) اسی چیز کے لیے شمار ہو گی جس کی خاطر اُس نے ہجرت کی ہو گی۔"

(١٣) عَنْ أَبِي هُرَيْرَةَ - سَمِعْتُ رَسُولَ اللَّهِ صَلَّى اللَّهُ عَلَيْهِ وَسَلَّمَ يَقُولُ: إِنَّ أَوَّلَ النَّاسِ يُقْضَى يَوْمَ الْقِيَامَةِ عَلَيْهِ رَجُلٌ اسْتُشْهِدَ فَأُتِيَ بِهِ فَعَرَّفَهُ نِعَمَهُ فَعَرَفَهَا قَالَ فَمَا عَمِلْتَ فِيهَا قَالَ قَاتَلْتُ فِيكَ حَتَّى اسْتُشْهِدْتُ قَالَ كَذَبْتَ وَلَكِنَّكَ قَاتَلْتَ لِأَنْ يُقَالَ جَرِيءٌ فَقَدْ قِيلَ ثُمَّ أُمِرَ بِهِ فَسُحِبَ عَلَى وَجْهِهِ حَتَّى أُلْقِيَ فِي النَّارِ وَرَجُلٌ تَعَلَّمَ الْعِلْمَ وَعَلَّمَهُ وَقَرَأَ الْقُرْآنَ فَأُتِيَ بِهِ فَعَرَّفَهُ نِعَمَهُ فَعَرَفَهَا قَالَ فَمَا عَمِلْتَ فِيهَا قَالَ تَعَلَّمْتُ الْعِلْمَ وَعَلَّمْتُهُ وَقَرَأْتُ فِيكَ الْقُرْآنَ قَالَ كَذَبْتَ وَلَكِنَّكَ تَعَلَّمْتَ الْعِلْمَ لِيُقَالَ عَالِمٌ وَقَرَأْتَ الْقُرْآنَ لِيُقَالَ هُوَ قَارِءٌ فَقَدْ قِيلَ ثُمَّ أُمِرَ بِهِ فَسُحِبَ عَلَى وَجْهِهِ حَتَّى أُلْقِيَ فِي النَّارِ وَرَجُلٌ وَسَّعَ اللَّهُ عَلَيْهِ وَأَعْطَاهُ مِنْ أَصْنَافِ الْمَالِ كُلِّهِ فَأُتِيَ بِهِ فَعَرَّفَهُ نِعَمَهُ فَعَرَفَهَا قَالَ فَمَا عَمِلْتَ فِيهَا قَالَ مَا تَرَكْتُ مِنْ سَبِيلٍ تُحِبُّ أَنْ يُنْفَقَ فِيهَا إِلَّا أَنْفَقْتُ فِيهَا لَكَ قَالَ كَذَبْتَ وَلَكِنَّكَ فَعَلْتَ لِيُقَالَ هُوَ جَوَادٌ فَقَدْ قِيلَ ثُمَّ أُمِرَ بِهِ فَسُحِبَ عَلَى وَجْهِهِ ثُمَّ أُلْقِيَ فِي النَّارِ۔ (مسلم، رقم ٤٩٢٣)

"ابوہریرہ رضی اللہ عنہ سے روایت ہے کہ میں نے رسول اللہ صلی اللہ علیہ وسلم کو یہ فرماتے ہوئے سنا: قیامت کے دن سب سے پہلے اُس شخص کا فیصلہ کیا جائے گا جو دنیا میں شہید ہوا تھا۔ وہ اللہ تعالیٰ کے حضور میں لایا جائے گا، پھر اللہ تعالیٰ اُسے اپنی نعمتیں یاد

دلائے گا، وہ ان سب کو تسلیم کرے گا، اللہ تعالیٰ فرمائے گا کہ تو نے اِن نعمتوں کو پا کر کیا اعمال کیے۔ وہ کہے گا: اے باری تعالیٰ میں تیری راہ میں لڑا، یہاں تک کہ میں شہید ہو گیا۔ اللہ تعالیٰ کہے گا: تو جھوٹ بولتا ہے تو میری راہ میں نہیں، بلکہ اِس لیے لڑا تھا کہ تُو بہادر کہلائے اور وہ تُو کہلا چکا۔ پھر اُسے جہنم میں پھینکنے کا حکم ہو گا، چنانچہ وہ اوندھے منہ گھسیٹتے ہوئے جہنم میں ڈال دیا جائے گا۔

دوسرا وہ شخص ہو گا جس نے علم سیکھا اور سکھایا اور قرآن پڑھا (اور پڑھایا) تھا۔ اُسے بھی اللہ تعالیٰ کے حضور میں لایا جائے گا، پھر اللہ تعالیٰ اُسے اپنی نعمتیں یاد دلائے گا، وہ اُن سب کو تسلیم کرے گا، اللہ تعالیٰ فرمائے گا کہ تو نے اِن نعمتوں کو پا کر کیا اعمال کیے۔ وہ کہے گا: اے باری تعالیٰ میں نے علم سیکھا اور سکھایا اور تیری خوشنودی کے لیے قرآن پڑھا (اور پڑھایا)۔ پروردگار کہے گا: تو جھوٹ کہتا ہے، تو نے میری خوشنودی کے لیے نہیں، بلکہ اس لیے علم سیکھا اور سکھایا تھا تاکہ لوگ تجھے عالم کہیں اور اس لیے قرآن پڑھا (اور پڑھایا) تاکہ یہ کہا جائے کہ فلاں شخص قاری (قرآن کا معلم) ہے، اور یہ تجھے کہا جا چکا۔ پھر اُسے جہنم میں پھینکنے کا حکم ہو گا، چنانچہ وہ اوندھے منہ گھسیٹتے ہوئے جہنم میں ڈال دیا جائے گا۔

تیسرا وہ شخص ہو گا جسے اللہ نے کشادگی عطا فرمائی اور ہر طرح کا مال دیا تھا۔ اُسے بھی اللہ تعالیٰ کے حضور میں لایا جائے گا، پھر اللہ تعالیٰ اُسے اپنی نعمتیں یاد دلائے گا، وہ اُن سب کو تسلیم کرے گا، اللہ تعالیٰ فرمائے گا: تو نے اِن نعمتوں کو پا کر کیا اعمال کیے۔ وہ کہے گا: اے باری تعالیٰ میں نے تیری رضا کی خاطر ہر اُس موقع پر انفاق کیا ہے، جہاں انفاق کرنا تجھے پسند تھا۔ اللہ تعالیٰ کہے گا: تو جھوٹ کہتا ہے تو نے میری رضا کے لیے نہیں، بلکہ اِس لیے مال خرچا تھا کہ لوگ تجھے سخی کہیں اور وہ تجھے کہا جا چکا۔ پھر اُسے بھی جہنم میں

پھینکنے کا حکم ہو گا، چنانچہ وہ بھی اوندھے منہ گھسیٹتے ہوئے جہنم میں ڈال دیا جائے گا"۔

توضیح:

کسی عمل کے بارے میں جو دعویٰ کیا جا رہا ہے کیا وہ عمل اپنی حقیقت میں بھی ویسا ہی ہے۔ یہ وہ سوال ہے جس کا جواب اگر 'ہاں' میں ہو تو اس عمل کو ہم خالص عمل قرار دیتے ہیں اور اگر اس کا جواب 'نہ' میں ہو تو پھر اس عمل کو ناخالص عمل قرار دیا جاتا ہے۔ ان احادیث میں یہ بتایا گیا ہے کہ جن اعمال کے بارے میں یہ دعویٰ کیا گیا کہ وہ خدا کی رضا کے لیے کیے گئے ہیں، اگر وہ حقیقت میں کسی اور غرض سے کیے گئے تھے تو وہ انسان کو جہنم کا مستحق بنا دیں گے، کیونکہ خدا کسی ناخالص عمل کو ہرگز قبول نہیں کرے گا۔

(۲) شرکیہ اعمال

مشرکانہ تصاویر پر وعید

(١٤)۔ عَنْ نَافِعٍ أَنَّ عَبْدَ اللَّهِ بْنَ عُمَرَ رَضِيَ اللَّهُ عَنْهُمَا أَخْبَرَهُ أَنَّ رَسُولَ اللَّهِ صَلَّى اللَّهُ عَلَيْهِ وَسَلَّمَ قَالَ: إِنَّ الَّذِينَ يَصْنَعُونَ هَذِهِ الصُّوَرَ يُعَذَّبُونَ يَوْمَ الْقِيَامَةِ يُقَالُ لَهُمْ أَحْيُوا مَا خَلَقْتُمْ۔ (بخاری، رقم ٥٩٥١)

"نافع سے روایت ہے کہ عبداللہ بن عمر رضی اللہ عنہما نے انھیں بتایا کہ رسول اللہ صلی اللہ علیہ وسلم نے فرمایا ہے: یہ (مشرکانہ)۔ تصویریں جو لوگ بناتے ہیں، اُنھیں قیامت میں عذاب دیا جائے گا، اُن سے کہا جائے گا کہ جو کچھ تم نے بنایا ہے، اُسے اب زندہ کرو۔"

توضیح:

نبی صلی اللہ علیہ وسلم جب دنیا میں تشریف لائے تو اس وقت تمام دنیا میں اور خاص کر عرب میں بت پرستی عام تھی۔ لوگ اپنے معبودوں کے بت تراشتے، ان کی تصاویر اور مجسمے بناتے اور انھیں اپنی عبادت گاہوں اور گھروں میں رکھتے تاکہ وہ ان کی پوجا کریں۔

نبی صلی اللہ علیہ وسلم کی دعوت توحید کی دعوت تھی۔ چنانچہ آپ نے ان مشرکانہ علامات اور مظاہر پر سخت تنقید کی اور مشرکین کو یہ وعید سنائی کہ جو لوگ یہ مشرکانہ تصویریں بناتے ہیں، اُنھیں قیامت میں سخت عذاب دیا جائے گا اور اُن سے یہ کہا جائے گا کہ جو کچھ تم نے بنایا ہے، اُسے اب زندہ کرو اور اُن سے مدد حاصل کرو، جیسا کہ تم سمجھتے تھے کہ یہ زندہ ہستیاں ہیں جو تمھیں نفع و نقصان دے سکتی ہیں۔

تعویذ گنڈوں کی مناہی اور شفا کی دعا

(١٥)۔ عَنْ عَبْدِ اللّٰهِ قَالَ سَمِعْتُ رَسُولَ اللّٰهِ صَلَّى اللّٰهُ عَلَيْهِ وَسَلَّمَ يَقُولُ: إِنَّ الرُّقَى وَالتَّمَائِمَ وَالتِّوَلَةَ شِرْكٌ، قَالَتْ قُلْتُ لِمَ تَقُولُ هٰذَا وَاللّٰهِ لَقَدْ كَانَتْ عَيْنِي تَقْذِفُ وَكُنْتُ أَخْتَلِفُ إِلَى فُلَانٍ الْيَهُودِيِّ يَرْقِينِي فَإِذَا رَقَانِي سَكَنَتْ فَقَالَ عَبْدُ اللّٰهِ إِنَّمَا ذَاكَ عَمَلُ الشَّيْطَانِ كَانَ يَنْخُسُهَا بِيَدِهِ فَإِذَا رَقَاهَا كَفَّ عَنْهَا إِنَّمَا كَانَ يَكْفِيكِ أَنْ تَقُولِي كَمَا كَانَ رَسُولُ اللّٰهِ صَلَّى اللّٰهُ عَلَيْهِ وَسَلَّمَ يَقُولُ:أَذْهِبْ الْبَأْسَ رَبَّ النَّاسِ اشْفِ أَنْتَ الشَّافِي لَا شِفَاءَ إِلَّا شِفَاؤُكَ شِفَاءً لَا يُغَادِرُ سَقَمًا۔ (ابو داؤد، رقم ٣٨٨٣)

"عبد اللہ بن مسعود سے روایت ہے کہ میں نے رسول اللہ صلی اللہ علیہ وسلم کو یہ کہتے ہوئے سنا ہے: جھاڑ پھونک، گنڈے اور میاں بیوی میں جدائی ڈالنے کے تعویذ سب شرک ہیں۔ (عبد اللہ بن مسعود کی بیوی زینب نے)۔ کہا تم یہ کیوں کہہ رہے ہو، خدا کی قسم میری آنکھ شدت درد سے نکلی جاتی تھی اور میں فلاں یہودی کے پاس دم کرانے جاتی تھی، وہ مجھے دم کر دیتا تھا تو میری آنکھ کو سکون پہنچتا۔ عبد اللہ بن مسعود نے کہا یہ سکون تو شیطان کے عمل سے ہوتا تھا۔ وہ اپنے ہاتھ سے آنکھ کو چھوتا (تو اس میں درد ہوتا)، پھر جب دم کیا جاتا تو وہ آنکھ کو چھونے سے باز آجاتا، (چنانچہ درد ختم ہو جاتا)۔ تیرے لیے یہ کافی تھا کہ تو وہی کلمات کہتی جو رسول اللہ صلی اللہ علیہ وسلم کہا کرتے تھے۔ اے انسانوں کے پروردگار بیماری کو دور کر دے اور شفا دے تو ہی شفا دینے والا ہے، تیری شفا کے علاوہ کوئی شفا نہیں۔ ایسی شفا دے جو بیماری کو بالکل ختم کر دے۔"

توضیح:

عموماً جھاڑ، پھونک، گنڈوں اور تعویذوں وغیرہ کے ساتھ مشرکانہ عقائد و اعمال وابستہ ہوتے ہیں۔ نبی صلی اللہ علیہ وسلم نے ان سب چیزوں کے بارے میں اہل عرب کے عقائد و اعمال کی بنا پر انھیں شرک قرار دیا ہے اور مسلمانوں کو بیماری سے شفا پانے کے لیے درج بالا عظیم دعا سکھائی ہے۔

غیر اللہ کی قسم کھانے کی نفی

(١٦)۔ عَنِ ابْنِ عُمَرَ إِنِّی سَمِعْتُ رَسُولَ اللّٰهِ صَلَّی اللّٰهُ عَلَيْهِ وَسَلَّمَ يَقُولُ: مَنْ حَلَفَ بِغَيْرِ اللّٰهِ فَقَدْ أَشْرَكَ۔ (ابوداؤد، رقم ٣٢٥١)

"ابن عمر رضی اللہ عنہ سے روایت ہے کہ میں نے رسول اللہ صلی اللہ علیہ وسلم کو یہ فرماتے ہوئے سنا ہے کہ جس نے اللہ کے سوا کسی اور کی قسم کھائی، اُس نے شرک کا ارتکاب کیا۔"

توضیح:

انسان جس کی قسم کھاتا ہے اسے اپنی بات، اپنے احوال یا اپنے معاملے پر گواہ بناتا اور اس پر اپنے توکل واعتماد کا اظہار کرتا ہے۔ کوئی انسان اپنے ارادے یا اپنے کسی مؤقف میں جھوٹا ہے یا سچا ہے، اس بات کو خدا کے سوا کوئی نہیں جانتا، چنانچہ ہم اپنی نیت اور اپنے دل کے ارادے پر جب غیر اللہ کو گواہ بناتے ہیں تو ہمارا یہ عمل اس میں بعض خدائی صفات ماننے کے مترادف ہوتا ہے۔ لہٰذا، غیر اللہ کی قسم کھانے کو مشرکانہ عمل قرار دیا گیا ہے۔

شرکت سے اللہ کی بے نیازی

(١٧)۔ عَنْ أَبِی هُرَيْرَةَ قَالَ قَالَ رَسُولُ اللّٰهِ صَلَّی اللّٰهُ عَلَيْهِ وَسَلَّمَ: قَالَ اللّٰهُ تَبَارَكَ وَتَعَالَی: أَنَا أَغْنَی الشُّرَكَاءِ عَنِ الشِّرْكِ مَنْ عَمِلَ عَمَلًا أَشْرَكَ فِيهِ مَعِی غَيْرِی تَرَكْتُهُ وَشِرْكَهُ۔ (مسلم، رقم ٧٤٧٥)

"ابوہریرہ رضی اللہ عنہ رسول اللہ صلی اللہ علیہ وسلم کا یہ ارشاد بیان کرتے ہیں کہ اللہ عزوجل فرماتا ہے: میں تمام شریکوں میں سب سے زیادہ شرکت سے بے نیاز ہوں، لہٰذا جس نے اپنے کسی کام میں میرے ساتھ کسی دوسرے کو شریک کیا، میں اُس سے الگ ہوں اور وہ اُسی کا ہے جس کو اُس نے میرا شریک بنایا ہے۔

توضیح:

وہ عمل جس میں خدا کے ساتھ اس کے غیر کو شریک بنایا گیا ہو، وہ غیر اللہ کے لیے تو قابل قبول ہو سکتا ہے، کیونکہ وہ صفتِ توحید سے متصف نہیں ہوتا اور اُس کے لیے غیر کی شرکت ناگوار نہیں ہوتی۔ لیکن ہمارا خالق و مالک ہمارا پروردگار جو شرکت سے یکسر بے نیاز ہے، جو 'الواحد' اور 'الاحد' ہے، وہ کسی ایسے عمل کو کیسے قبول کر سکتا ہے جو محض اُسی کی خاطر نہ کیا گیا ہو اور جس سے صرف اُسی کی رضا مقصود نہ ہو۔

مشرکانہ اوہام کی نفی

(١٨)۔ عَبْدُ اللَّهِ بْنُ عَبَّاسٍ قَالَ أَخْبَرَنِي رَجُلٌ مِنْ أَصْحَابِ النَّبِيِّ صَلَّى اللَّهُ عَلَيْهِ وَسَلَّمَ مِنَ الْأَنْصَارِ أَنَّهُمْ بَيْنَمَا هُمْ جُلُوسٌ لَيْلَةً مَعَ رَسُولِ اللَّهِ صَلَّى اللَّهُ عَلَيْهِ وَسَلَّمَ رُمِيَ بِنَجْمٍ فَاسْتَنَارَ فَقَالَ لَهُمْ رَسُولُ اللَّهِ صَلَّى اللَّهُ عَلَيْهِ وَسَلَّمَ: مَاذَا كُنْتُمْ تَقُولُونَ فِي الْجَاهِلِيَّةِ إِذَا رُمِيَ بِمِثْلِ هَذَا قَالُوا اللَّهُ وَرَسُولُهُ أَعْلَمُ كُنَّا نَقُولُ وُلِدَ اللَّيْلَةَ رَجُلٌ عَظِيمٌ وَمَاتَ رَجُلٌ عَظِيمٌ فَقَالَ رَسُولُ اللَّهِ صَلَّى اللَّهُ عَلَيْهِ وَسَلَّمَ: فَإِنَّهَا لَا يُرْمَى بِهَا لِمَوْتِ أَحَدٍ وَلَا لِحَيَاتِهِ وَلَكِنْ رَبُّنَا تَبَارَكَ وَتَعَالَى اسْمُهُ إِذَا قَضَى أَمْرًا سَبَّحَ حَمَلَةُ الْعَرْشِ ثُمَّ سَبَّحَ أَهْلُ السَّمَاءِ الَّذِينَ يَلُونَهُمْ حَتَّى يَبْلُغَ التَّسْبِيحُ أَهْلَ هَذِهِ السَّمَاءِ الدُّنْيَا ثُمَّ قَالَ الَّذِينَ يَلُونَ حَمَلَةَ الْعَرْشِ لِحَمَلَةِ الْعَرْشِ مَاذَا قَالَ رَبُّكُمْ فَيُخْبِرُونَهُمْ مَاذَا قَالَ قَالَ فَيَسْتَخْبِرُ بَعْضُ أَهْلِ السَّمَاوَاتِ بَعْضًا حَتَّى يَبْلُغَ الْخَبَرُ هَذِهِ السَّمَاءَ الدُّنْيَا فَتَخْطَفُ الْجِنُّ السَّمْعَ فَيَقْذِفُونَ إِلَى أَوْلِيَائِهِمْ وَيُرْمَوْنَ بِهِ فَمَا جَاءُوا بِهِ عَلَى وَجْهِهِ فَهُوَ حَقٌّ وَلَكِنَّهُمْ يَقْرِفُونَ فِيهِ وَيَزِيدُونَ۔ (مسلم، رقم ٥٨١٩)

"عبد اللہ ابن عباس رضی اللہ عنہما کہتے ہیں کہ مجھے ایک انصاری صحابی نے بتایا ہے کہ ایک رات جب کہ ہم رسول اللہ صلی اللہ علیہ وسلم کے ساتھ بیٹھے ہوئے تھے، اتنے میں ایک تارا ٹوٹا اور خوب روشن ہوا۔ آپ نے صحابہ سے پوچھا: زمانہ جاہلیت میں جب اس طرح کوئی تارا ٹوٹا تھا تو تم کیا کہتے تھے؟ لوگوں نے عرض کیا: (حقیقت تو)۔ اللہ اور اس کا رسول ہی جانتے ہیں، ہم سمجھتے تھے کہ آج کی رات میں کوئی بڑا آدمی پیدا ہوا ہے یا

مرا ہے، تو رسول اللہ صلی اللہ علیہ وسلم نے فرمایا: نہیں، تارے کسی کی موت وحیات سے نہیں ٹوٹتے۔ البتہ (اس کی حقیقت یہ ہے کہ)۔ ہمارا رب جو بہت بابرکت ہے اور جس کا نام بہت بلند ہے، وہ جب کوئی حکم کرتا ہے تو حاملینِ عرش فرشتے (اسے سن کر)۔ اس کی تسبیح کرتے ہیں، پھر ان کی تسبیح سن کر عرش کے قریبی آسمان والے فرشتے اس کی تسبیح کرتے ہیں، یہاں تک کہ یہ تسبیح اس سمائے دنیا کے فرشتوں تک پہنچ جاتی ہے۔ پھر عرش سے قریبی آسمان والے فرشتے حاملین عرش فرشتوں سے پوچھتے ہیں کہ تمھارے رب نے کیا کہا ہے، تو وہ انھیں بتاتے ہیں کہ یہ حکم ہوا ہے۔ راوی کہتے ہیں کہ پھر اسی طرح سے ہر آسمان والے دوسرے آسمان والوں کو خبر دیتے ہیں، یہاں تک کہ وہ خبر سمائے دنیا تک پہنچ جاتی ہے، تو پھر یہاں سے وہ خبر جنات اچک لیتے اور اپنے دوستوں (کاہنوں وغیرہ)۔ کو سناتے ہیں، (اس موقع)۔ پر اُنھیں ان (شہابوں)۔ کے ذریعے سے مارا جاتا ہے۔ چنانچہ یہ (جنات)۔ جو اصل خبر لائے ہوتے ہیں اگر اتنی ہی بیان کی جائے تو وہ سچ ہوتی ہے، مگر یہ (کاہن وغیرہ)۔ اس میں جھوٹ ملاتے اور اضافہ کرتے ہیں۔"

توضیح:

تاروں کے ٹوٹنے کے بارے میں عربوں میں جو بے بنیاد تصور پایا جاتا تھا، اس کی تردید کی گئی اور یہ بتایا گیا کہ ان کے اس طرح ٹوٹنے کے اسباب میں سے ایک خاص سبب کیا ہے۔

اشیا کے مؤثر بالذات ہونے کی نفی

(١٩)۔ عَنْ زَيْدِ بْنِ خَالِدٍ الْجُهَنِيِّ أَنَّهُ قَالَ صَلَّى لَنَا رَسُولُ اللَّهِ صَلَّى اللَّهُ عَلَيْهِ وَسَلَّمَ صَلَاةَ الصُّبْحِ بِالْحُدَيْبِيَةِ عَلَى إِثْرِ سَمَاءٍ كَانَتْ مِنَ اللَّيْلَةِ فَلَمَّا انْصَرَفَ أَقْبَلَ عَلَى النَّاسِ فَقَالَ: هَلْ تَدْرُونَ مَاذَا قَالَ رَبُّكُمْ قَالُوا اللَّهُ وَرَسُولُهُ أَعْلَمُ قَالَ: أَصْبَحَ مِنْ عِبَادِي مُؤْمِنٌ بِي وَكَافِرٌ فَأَمَّا مَنْ قَالَ مُطِرْنَا بِفَضْلِ اللَّهِ وَرَحْمَتِهِ فَذَلِكَ مُؤْمِنٌ بِي وَكَافِرٌ بِالْكَوْكَبِ وَأَمَّا مَنْ قَالَ بِنَوْءِ كَذَا

وَكَذَا فَذَلِكَ كَافِرٌ بِي وَمُؤْمِنٌ بِالْكَوْكَبِ۔ (بخاری،رقم۸٤٦)، (مسلم،رقم ٢٣١)

"زید بن خالد جہنی رضی اللہ عنہ سے روایت ہے کہ رسول اللہ صلی اللہ علیہ وسلم نے حدیبیہ کے مقام پر رات کی بارش کے بعد صبح کی نماز پڑھائی۔ نماز سے فارغ ہونے کے بعد آپ نے لوگوں کی طرف رخ کیا اور فرمایا: کیا تم جانتے ہو کہ تمھارے رب نے کیا کہا ہے۔ انھوں نے کہا کہ اللہ اور اس کا رسول ہی جانتے ہیں۔ آپ نے بتایا کہ اللہ فرماتا ہے: میرے بندوں میں کچھ نے مجھ پر ایمان کی حالت میں صبح کی اور کچھ نے کفر کی حالت میں۔ پس جن لوگوں نے یہ کہا کہ ہم پر اللہ کے فضل اور اس کی رحمت کی وجہ سے بارش ہوئی ہے تو یہ لوگ ہیں جو مجھ پر ایمان رکھتے اور ستاروں (کے مؤثر بالذات ہونے)۔ کا کفر کرتے ہیں اور جنھوں نے یہ کہا کہ یہ بارش ستاروں کی وجہ سے ہوئی ہے، وہ ستاروں پر ایمان رکھنے والے اور میرا کفر کرنے والے ہیں۔"

توضیح:

عربوں کے ہاں مختلف ستاروں کے بارے میں یہ تصور پایا جاتا تھا کہ یہ تارے جب آسمان میں فلاں فلاں جگہ پر ظاہر ہوتے ہیں تو اِن کے اثر سے بارش ہوتی ہے، وہ اُس بارش کو خدا کے حکم کا نتیجہ نہیں، بلکہ اُس کے اذن کے بغیر براہِ راست ان تاروں کا اثر سمجھتے تھے، کیونکہ وہ ان تاروں کو مؤثر بالذات جانتے تھے۔ ان احادیث میں بتایا گیا ہے کہ یہ چیز کفر ہے اور خدا پر ایمان کے خلاف ہے۔

باطل تصورات کی نفی

(٢٠)۔ عَنْ ابْنِ عُمَرَ رَضِيَ اللَّهُ عَنْهُمَا أَنَّهُ كَانَ يُخْبِرُ عَنْ النَّبِيِّ صَلَّى اللَّهُ عَلَيْهِ وَسَلَّمَ: إِنَّ الشَّمْسَ وَالْقَمَرَ لَا يَخْسِفَانِ لِمَوْتِ أَحَدٍ وَلَا لِحَيَاتِهِ وَلَكِنَّهُمَا آيَتَانِ مِنْ آيَاتِ اللَّهِ فَإِذَا رَأَيْتُمُوهَا فَصَلُّوا۔ (بخاری،رقم١٠٤٢)، (مسلم، رقم ٢١٢١)

"ابن عمر رضی اللہ عنہما نبی صلی اللہ علیہ وسلم سے روایت کیا کرتے تھے: یہ سورج

اور چاند کسی کی موت و حیات کی بنا پر نہیں گہناتے، بلکہ یہ اللہ کی نشانیوں میں سے دو نشانیاں ہیں، چنانچہ جب تم اِنھیں (گہنایا ہوا) دیکھو تو نماز پڑھو۔"

توضیح:

عربوں کے ہاں سورج اور چاند کے گہنانے کے بارے میں یہ تصور پایا جاتا تھا کہ یہ کسی بڑے آدمی کے پیدا ہونے یا اس کے مرنے پر گہناتے ہیں۔ آپ نے اس بے بنیاد خیال کی نفی کی اور فرمایا کہ ان کا گہنا جانا اللہ کی دو نشانیوں کا ظاہر ہونا ہے، چنانچہ جب تم یہ آیاتِ الٰہی دیکھو تو نماز پڑھو، یعنی خدا کی طرف بڑھو، اُس کے لیے رکوع اور سجدہ کرو۔

علم غیب کی نفی

(٢١)۔ عَنْ صَفِيَّةَ عَنْ بَعْضِ أَزْوَاجِ النَّبِيِّ صَلَّى اللَّهُ عَلَيْهِ وَسَلَّمَ عَنْ النَّبِيِّ صَلَّى اللَّهُ عَلَيْهِ وَسَلَّمَ قَالَ: مَنْ أَتَى عَرَّافًا فَسَأَلَهُ عَنْ شَيْءٍ لَمْ تُقْبَلْ لَهُ صَلَاةٌ أَرْبَعِينَ لَيْلَةً۔ (مسلم، رقم ٥٨٢١)

"صفیہ (تابعیہ) نبی صلی اللہ علیہ وسلم کی کسی بیوی سے روایت کرتی ہیں کہ آپ نے فرمایا: جو شخص اپنی کسی چیز کا پتا پوچھنے عراف کے پاس جائے گا، اُس کی چالیس دن کی نماز قبول نہ ہو گی۔"

(٢٢)۔ عَنْ صَفِيَّةَ عَنْ بَعْضِ أَزْوَاجِ النَّبِيِّ صَلَّى اللَّهُ عَلَيْهِ وَسَلَّمَ عَنْ النَّبِيِّ صَلَّى اللَّهُ عَلَيْهِ وَسَلَّمَ قَالَ: مَنْ أَتَى عَرَّافًا فَصَدَّقَهُ بِمَا يَقُولُ لَمْ يُقْبَلْ لَهُ صَلَاةٌ أَرْبَعِينَ يَوْمًا۔ (أحمد، رقم ١٦٢٠٢)

"صفیہ (تابعیہ) نبی صلی اللہ علیہ وسلم کی کسی بیوی سے روایت کرتی ہیں کہ آپ نے فرمایا: جو شخص (کسی چیز کا پتا پوچھنے کے لیے)۔ عراف کے پاس جائے گا اور پھر جو وہ کہے اسے سچ سمجھے گا، تو اُس کی چالیس دن کی نماز قبول نہ ہو گی"۔

توضیح:

عراف ان لوگوں کو کہا جاتا تھا جو چوری کا پتا بتانے کا دعویٰ کرتے تھے۔ کوئی شخص

اگر ان کے پاس اپنی گم شدہ چیز کا پتا پوچھنے جاتا ہے تو ظاہر ہے کہ وہ اِسی خیال اور اعتماد سے جاتا ہے کہ یہ لوگ کسی نہ کسی درجے میں غیب کی بات جان سکتے ہیں۔ قرآن کا واضح بیان ہے کہ اللہ کے علاوہ کوئی بھی غیب کا علم نہیں رکھتا۔ چنانچہ یہ بتایا گیا ہے کہ جو شخص قرآن کی اِس واضح بات کے خلاف عمل کرتے ہوئے عراف کے پاس جائے گا تو اُس کی چالیس دن کی نماز قبول نہیں ہو گی۔

کہانت کی حقیقت

(٢٣)۔ قَالَتْ عَائِشَةُ رَضِيَ اللّٰهُ عَنْهُمَا: سَأَلَ أُنَاسٌ النَّبِيَّ صَلَّى اللّٰهُ عَلَيْهِ وَسَلَّمَ عَنْ الْكُهَّانِ فَقَالَ: إِنَّهُمْ لَيْسُوا بِشَيْئٍ، فَقَالُوا يَا رَسُولَ اللّٰهِ فَإِنَّهُمْ يُحَدِّثُونَ بِالشَّيْءِ يَكُونُ حَقًّا قَالَ فَقَالَ النَّبِيُّ صَلَّى اللّٰهُ عَلَيْهِ وَسَلَّمَ: تِلْكَ الْكَلِمَةُ مِنْ الْحَقِّ يَخْطَفُهَا الْجِنِّيُّ فَيُقَرْقِرُهَا فِي أُذُنِ وَلِيِّهِ كَقَرْقَرَةِ الدَّجَاجَةِ فَيَخْلِطُونَ فِيهِ أَكْثَرَ مِنْ مِائَةِ كَذْبَةٍ۔ (بخاری، رقم ٧٥٦١)

"عائشہ رضی اللہ عنہا کہتی ہیں کہ کچھ لوگوں نے رسول اللہ صلی اللہ علیہ وسلم سے کاہنوں کے بارے میں سوال کیا، تو آپ نے فرمایا: یہ لوگ کچھ بھی نہیں ہیں۔ لوگوں نے کہا کہ اے اللہ کے رسول وہ (بعض اوقات)۔ ایسی باتیں بیان کر دیتے ہیں جو سچ ہو جاتی ہیں، تو نبی صلی اللہ علیہ وسلم نے فرمایا کہ وہ بات سچی ہوتی ہے، جسے کسی جن نے (فرشتے سے)۔ اچکا ہوتا ہے اور پھر وہ اُس بات کو مرغی کی طرح کٹ کٹ کر کے اپنے (کاہن)۔ دوستوں کے کان میں ڈال دیتا ہے اور یہ لوگ اس میں سو جھوٹ ملا کر لوگوں سے بیان کرتے ہیں۔"

(٢٤)۔ قَالَتْ عَائِشَةُ سَأَلَ أُنَاسٌ رَسُولَ اللّٰهِ صَلَّى اللّٰهُ عَلَيْهِ وَسَلَّمَ عَنْ الْكُهَّانِ فَقَالَ لَهُمْ رَسُولُ اللّٰهِ صَلَّى اللّٰهُ عَلَيْهِ وَسَلَّمَ: لَيْسُوا بِشَيْءٍ قَالُوا يَا رَسُولَ اللّٰهِ فَإِنَّهُمْ يُحَدِّثُونَ أَحْيَانًا الشَّيْءَ يَكُونُ حَقًّا قَالَ رَسُولُ اللّٰهِ صَلَّى اللّٰهُ عَلَيْهِ وَسَلَّمَ تِلْكَ الْكَلِمَةُ مِنْ الْجِنِّ يَخْطَفُهَا الْجِنِّيُّ فَيَقُرُّهَا فِي أُذُنِ وَلِيِّهِ قَرَّ الدَّجَاجَةِ فَيَخْلِطُونَ فِيهَا أَكْثَرَ مِنْ مِائَةِ كَذْبَةٍ۔ (مسلم، رقم ٥٨١٧)

"عائشہ رضی اللہ عنھا کہتی ہیں کہ کچھ لوگوں نے رسول اللہ صلی اللہ علیہ وسلم سے کاہنوں کے بارے میں پوچھا تو رسول اللہ صلی اللہ علیہ وسلم نے اُن سے فرمایا: یہ کاہن کچھ بھی نہیں ہوتے۔ لوگوں نے کہا کہ یہ بعض اوقات ایسی بات بیان کر دیتے ہیں جو سچی ہو جاتی ہے۔ رسول اللہ صلی اللہ علیہ وسلم نے فرمایا: وہ (دراصل)۔ جنات کی (اڑائی ہوئی باتوں میں سے ایک)۔ بات ہوتی ہے جسے کسی جن نے اڑایا ہوتا ہے اور پھر وہ اسے اپنے (کاہن)۔ دوستوں کے کان میں مرغی کی طرح کٹ کٹ کرتے ہوئے ڈال دیتا ہے۔ پھر وہ (لوگوں سے بیان کرتے ہوئے)۔ اس میں اپنی طرف سے سو جھوٹ ملا دیتے ہیں۔"

توضیح:

ان احادیث میں کہانت کی حقیقت سے پردہ اٹھایا گیا ہے اور یہ بات واضح کی گئی ہے کہ جب کاہنوں کے پاس علم غیب نہیں ہوتا تو پھر ان کی بتائی ہوئی کوئی ایک آدھ خبر سچی کیسے ہو جاتی ہے۔

مشرکانہ عقائد و تصورات کی نفی

(۲۵)۔ عَنْ أَبِي هُرَيْرَةَ رَضِيَ اللّٰهُ عَنْهُ عَنِ النَّبِيِّ صَلَّى اللّٰهُ عَلَيْهِ وَسَلَّمَ قَالَ: لَا عَدْوَى وَلَا طِيَرَةَ وَلَا هَامَةَ وَلَا صَفَرَ۔ (بخاری، رقم ۵۷۵۷)

"ابو ہریرہ رضی اللہ عنہ سے روایت ہے کہ رسول اللہ صلی اللہ علیہ وسلم نے فرمایا: نہ چھوت ہے، نہ بدفالی ہے، نہ مردے کی کھوپڑی سے پرندہ نکلتا ہے اور نہ پیٹ میں بھوک کا سانپ ہوتا ہے۔"

(٣٦)۔ عَنْ أَبِي هُرَيْرَةَ حِينَ قَالَ رَسُولُ اللّٰهِ صَلَّى اللّٰهُ عَلَيْهِ وَسَلَّمَ: لَا عَدْوَى وَلَا صَفَرَ وَلَا هَامَةَ، فَقَالَ أَعْرَابِيٌّ يَا رَسُولَ اللّٰهِ فَمَا بَالُ الْإِبِلِ تَكُونُ فِي الرَّمْلِ كَأَنَّهَا الظِّبَاءُ فَيَجِيءُ الْبَعِيرُ الْأَجْرَبُ فَيَدْخُلُ فِيهَا فَيُجْرِبُهَا كُلَّهَا قَالَ: فَمَنْ أَعْدَى الْأَوَّلَ۔ - إِنَّ رَسُولَ اللّٰهِ صَلَّى اللّٰهُ عَلَيْهِ وَسَلَّمَ قَالَ: لَا عَدْوَى وَلَا طِيَرَةَ وَلَا صَفَرَ وَلَا هَامَةَ۔ (مسلم، رقم ٥٧٨٨، ٥٧٨٩)

"ابو ہریرہ رضی اللہ عنہ سے روایت ہے کہ جب رسول اللہ صلی اللہ علیہ وسلم نے فرمایا کہ نہ چھوت ہے، نہ پیٹ میں بھوک کا سانپ ہوتا ہے اور نہ مردے کی کھوپڑی سے کوئی پرندہ نکلتا ہے، تو ایک دیہاتی شخص نے سوال کیا: اے اللہ کے رسول ان اونٹوں کا کیا معاملہ ہوتا ہے جو ریگستان میں ہوتے ہیں تو ایسے (صاف اور چکنے)۔ ہوتے ہیں جیسے کہ ہرن، پھر ایک خارشی اونٹ آتا اور ان میں شامل ہو جاتا ہے تو وہ سب کو خارشی کر دیتا ہے۔ آپ نے فرمایا: پہلے اونٹ کو کس نے بیماری لگائی تھی۔---(ابو ہریرہ رضی اللہ عنہ کہتے ہیں کہ)۔ رسول اللہ صلی اللہ علیہ وسلم نے فرمایا: نہ چھوت ہے، نہ بدفالی ہے، نہ پیٹ میں بھوک کا سانپ ہوتا ہے اور نہ مردے کی کھوپڑی سے پرندہ نکلتا ہے۔"

(۲۷)۔ عَنْ جَابِرٍ قَالَ قَالَ رَسُولُ اللّٰہِ صَلَّی اللّٰہُ عَلَیْہِ وَسَلَّمَ: لَا عَدْوَی وَلَا طِیَرَۃَ وَلَا غُولَ۔ (مسلم، رقم ۵۷۹۵)

"جابر رضی اللہ عنہ سے روایت ہے کہ رسول اللہ صلی اللہ علیہ وسلم نے فرمایا: نہ چھوت ہے، نہ بدفالی ہے اور نہ غول بیابانی ہی کوئی چیز ہے۔"

توضیح:

متعدی بیماریاں کیسے پھیلتی ہیں؟ اس سوال کا وہ علمی جواب جو آج ہمارے پاس موجود ہے، ظاہر ہے کہ وہ عربوں کے پاس موجود نہیں تھا۔ چنانچہ ان کے ہاں بعض توہمات کی بنا پر متعدی بیماری والے جانور کے بارے میں یہ عقیدہ پیدا ہو گیا کہ اس میں کوئی ایسی تاثیر پیدا ہو جاتی ہے جس کی بنا پر وہ دوسروں کو بیمار کر سکتا ہے، یعنی وہ جانور موثر بالذات ہو جاتا ہے۔

بدفالی کے حوالے سے ان کا تصور یہ تھا کہ بعض جانوروں کے افعال انسانوں کو نفع و نقصان دیتے اور ان کی قسمتوں پر اثر انداز ہوتے ہیں۔

ان کا ایک خیال یہ بھی تھا کہ انسانوں اور جانوروں کے پیٹ میں بھوک کی وجہ سے

ایک سانپ نما کیڑا پیدا ہو جاتا ہے، جو انھیں مار دیتا ہے۔ وہ اس مرض کو بھی متعدی بیماریوں کی طرح مؤثر بالذات سمجھتے تھے۔

ان کا ایک باطل تصور یہ بھی تھا کہ جس مقتول کا بدلہ نہ لیا جائے اس کی روح کھوپڑی سے پرندہ بن کر نکلتی ہے اور 'مجھے پلاؤ مجھے پلاؤ' کے الفاظ کے ساتھ چلاتی رہتی ہے، پھر جب اس کے قتل کا بدلہ لے لیا جائے تو پھر وہ پرندہ کہیں اڑ جاتا ہے۔

اسی طرح اہل عرب یہ عقیدہ بھی رکھتے تھے کہ بیابانوں میں ایسے جنات اور شیاطین ہوتے ہیں جو اپنی شکلیں تبدیل کرتے رہتے ہیں۔ یہ مسافروں کو دکھائی دیتے ہیں اور انھیں راستے سے بھٹکا کر ہلاک کر دیتے ہیں۔ وہ انھیں غولِ بیابانی کہتے تھے۔

درجِ بالا احادیث میں نبی صلی اللہ علیہ وسلم نے عربوں کے ان سب باطل اور مشرکانہ عقائد و تصورات کی نفی فرمائی اور یہ بتایا کہ ان کی کوئی حقیقت نہیں ہے اور (اللہ کے سوا) کوئی چیز بھی مؤثر بالذات نہیں ہوتی۔

انبیا کی محبت میں غلو کی نفی

(۲۸)۔ عَنْ عُمَرَ رَضِیَ اللّٰہُ عَنْهُ سَمِعْتُ النَّبِیَّ صَلَّی اللّٰہُ عَلَیْهِ وَسَلَّمَ یَقُولُ: لَا تُطْرُونِی كَمَا أَطْرَتْ النَّصَارَی ابْنَ مَرْیَمَ فَإِنَّمَا أَنَا عَبْدُهُ فَقُولُوا عَبْدُ اللّٰہِ وَرَسُولُهُ۔ (بخاری، رقم۳۴۴۵)

"عمر رضی اللہ عنہ سے روایت ہے کہ میں نے نبی صلی اللہ علیہ وسلم کو یہ کہتے ہوئے سنا ہے: مجھے میرے مرتبے سے نہ بڑھاؤ جیسے کہ نصاریٰ نے عیسیٰ ابن مریم علیہما السلام کو ان کے مرتبے سے زیادہ بڑھا دیا ہے۔ میں تو بس اللہ کا بندہ ہوں، چنانچہ مجھے اللہ کا بندہ اور اس کا رسول ہی کہا کرو۔"

توضیح:

انبیا اور صالحین کے ساتھ اُن کے متبعین کی محبت بڑی فطری چیز ہے، لیکن اگر یہ حد سے بڑھ جائے تو یہی محبت انھیں شرک کی وادی میں دھکیل دیتی ہے۔ محبت کے حد سے

بڑھنے کا مطلب یہ ہے کہ محبوب کو اس کے حقیقی مقام سے ہٹا کر کسی غیر حقیقی جگہ پر کھڑا کر دیا جائے۔ چنانچہ نبی صلی اللہ علیہ وسلم نے اِس سے منع فرمایا کہ کوئی شخص خود انھیں اُن کے حقیقی مقام و مرتبہ سے ہٹا دے اور اُنھیں اُس سے بلند خیال کرنے لگے۔

مشرکانہ کلمات کی نفی

(٢٩)۔ عَنِ ابْنِ عَبَّاسٍ قَالَ سَمِعَ رَسُولُ اللّٰهِ صَلَّى اللّٰهُ عَلَيْهِ وَسَلَّمَ رَجُلًا يَقُولُ مَا شَاءَ اللّٰهُ وَشِئْتَ فَقَالَ: بَلْ مَا شَاءَ اللّٰهُ وَحْدَهُ۔ (احمد، رقم١٩٦٥)

"ابن عباس رضی اللہ عنہما سے روایت ہے کہ رسول اللہ صلی اللہ علیہ وسلم نے ایک آدمی کو 'ما شاء اللہ و شئت' (جو اللہ چاہے اور آپ چاہیں)۔ کہتے ہوئے سنا تو آپ نے فرمایا: بلکہ جو اللہ اکیلا چاہے۔"

توضیح:

وہ باتیں جو صرف خدا کے ساتھ خاص ہیں، آپ نے ان کے حوالے سے لوگوں کو متنبہ کیا کہ ان میں کسی اور کو شریک کرنا جائز نہیں۔ اس کائنات میں چونکہ صرف ایک ہی مشیت جاری و ساری ہے، لہٰذا آپ نے اس میں کسی بھی دوسرے کو شریک کرنے سے منع فرمایا۔

مشرکانہ عمل کی ممانعت

(٣٠)۔ عَائِشَةُ وَعَبْدُ اللّٰهِ بْنَ عَبَّاسٍ قَالَا لَمَّا نَزَلَ بِرَسُولِ اللّٰهِ صَلَّى اللّٰهُ عَلَيْهِ وَسَلَّمَ طَفِقَ يَطْرَحُ خَمِيصَةً لَهُ عَلَى وَجْهِهِ فَإِذَا اغْتَمَّ بِهَا كَشَفَهَا عَنْ وَجْهِهِ فَقَالَ وَهُوَ كَذَلِكَ: لَعْنَةُ اللّٰهِ عَلَى الْيَهُودِ وَالنَّصَارَى اتَّخَذُوا قُبُورَ أَنْبِيَائِهِمْ مَسَاجِدَ يُحَذِّرُ مَا صَنَعُوا۔ (بخاری، رقم ٤٣٦)

"عائشہ اور عبد اللہ ابن عباس رضی اللہ عنہما کہتے ہیں کہ جب رسول اللہ صلی اللہ علیہ وسلم مرض الموت میں مبتلا ہوئے تو آپ اپنی چادر کو بار بار چہرے پر ڈالتے پھر جب کچھ افاقہ ہوتا تو اسے اپنے چہرے سے ہٹا دیتے، آپ نے اضطراب کی اسی حالت میں

فرمایا: یہود و نصاریٰ پر خدا کی پھٹکار ہو کہ انھوں نے اپنے انبیا کی قبروں کو مسجدیں بنالیا۔ آپ (یہ فرما کر اپنی امت کو)۔ ان کاموں سے بچنے کو کہہ رہے تھے جو انھوں نے کیے تھے"۔

(٣١)۔ عَنْ أَبِی مَرْثَدٍ الْغَنَوِيِّ قَالَ قَالَ رَسُولُ اللّٰهِ صَلَّی اللّٰهُ عَلَيْهِ وَسَلَّمَ: لَا تَجْلِسُوا عَلَی الْقُبُورِ وَلَا تُصَلُّوا إِلَيْهَا۔ (مسلم، رقم ٢٢٥٠)

"ابو مرثد غنوی رضی اللہ عنہ سے روایت ہے کہ رسول اللہ صلی اللہ علیہ وسلم نے فرمایا: نہ قبروں پر بیٹھا کرو اور نہ ان کی طرف رخ کرکے نماز پڑھا کرو۔"

توضیح:

قبروں پر بیٹھنا اس لیے منع فرمایا کہ یہ صاحب قبر کی توقیر کے خلاف ہے اور ان کی طرف رخ کرکے نماز پڑھنے سے اس لیے منع فرمایا کہ اس میں اُن کی عبادت کرنے سے مشابہت پائی جاتی ہے اور اس لیے بھی کہ پھر کہیں رفتہ رفتہ انھیں عبادت گاہیں نہ بنا لیا جائے، جیسا کہ یہود و نصاریٰ نے کیا تھا۔ آپ نے اُن کے اسی کام کی وجہ سے ان پر لعنت کی اور اپنی امت کو متنبہ کیا کہ وہ ایسا ہرگز نہ کریں۔

(۳) والدین سے حسن سلوک

والدین سے حسن سلوک کا حکم

(٣٢). عَنْ أَبِی هُرَيْرَةَ رَضِيَ اللَّهُ عَنْهُ قَالَ جَاءَ رَجُلٌ إِلَى رَسُولِ اللَّهِ صَلَّى اللَّهُ عَلَيْهِ وَسَلَّمَ فَقَالَ يَا رَسُولَ اللَّهِ مَنْ أَحَقُّ النَّاسِ بِحُسْنِ صَحَابَتِي قَالَ: أُمُّك، قَالَ: ثُمَّ مَنْ، قَالَ: ثُمَّ أُمُّكَ، قَالَ: ثُمَّ مَنْ، قَالَ: ثُمَّ أُمُّكَ، قَالَ: ثُمَّ مَنْ، قَالَ: ثُمَّ أَبُوكَ. (بخاری،رقم ٥٩٧١)، (مسلم، رقم ٦٥٠١)

"ابو ہریرہ رضی اللہ عنہ سے روایت ہے کہ رسول اللہ صلی اللہ علیہ وسلم کے پاس ایک آدمی آیا اور اس نے کہا اے اللہ کے رسول! میرے حسن سلوک کا سب سے زیادہ حق دار کون ہے۔ آپ نے فرمایا: تمھاری ماں، اس نے کہا پھر کون ہے آپ نے فرمایا: پھر تمھاری ماں، اس نے کہا پھر کون ہے آپ نے فرمایا: پھر تمھاری ماں، اس نے کہا پھر کون ہے آپ نے فرمایا: پھر تمھارا باپ۔"

(٣٣). قَالَ (عبدُاللهِ). سَأَلْتُ النَّبِيَّ صَلَّى اللَّهُ عَلَيْهِ وَسَلَّمَ أَيُّ الْعَمَلِ أَحَبُّ إِلَى اللَّهِ قَالَ: الصَّلَاةُ عَلَى وَقْتِهَا قَالَ ثُمَّ أَيٌّ قَالَ: ثُمَّ بِرُّ الْوَالِدَيْنِ قَالَ ثُمَّ أَيٌّ قَالَ: الْجِهَادُ فِی سَبِيلِ اللَّهِ. (بخاری، رقم ٥٢٧)۔، (مسلم، رقم ٢٥٢)

"عبداللہ بن مسعود رضی اللہ عنہ کہتے ہیں کہ میں نے نبی صلی اللہ علیہ وسلم سے پوچھا کہ اللہ تعالیٰ کے نزدیک کون سا عمل سب سے زیادہ پسندیدہ ہے۔ آپ نے فرمایا: وقت پر نماز پڑھنا، پوچھا اس کے بعد، آپ نے فرمایا: والدین کے ساتھ اچھا برتاؤ کرنا، پھر پوچھا اس کے بعد، آپ نے فرمایا: اللہ کی راہ میں جہاد کرنا۔"

(٣٤). عَنْ أَبِی هُرَيْرَةَ عَنْ النَّبِيِّ صَلَّى اللَّهُ عَلَيْهِ وَسَلَّمَ قَالَ: رَغِمَ أَنْفُ ثُمَّ رَغِمَ أَنْفُ ثُمَّ رَغِمَ أَنْفُ قِيلَ مَنْ يَا رَسُولَ اللَّهِ قَالَ: مَنْ أَدْرَكَ أَبَوَيْهِ عِنْدَ الْكِبَرِ أَحَدَهُمَا أَوْ كِلَيْهِمَا فَلَمْ يَدْخُلْ

الْجَنّة۔ (مسلم، رقم ٦٥١٠)

"ابو ہریرہ رضی اللہ عنہ کہتے ہیں کہ رسول اللہ صلی اللہ علیہ وسلم نے فرمایا: اُس شخص کے لیے ذلت ہے، اُس شخص کے لیے ذلت ہے، اُس شخص کے لیے ذلت ہے۔ لوگوں نے پوچھا: کس کے لیے، یا رسول اللہ؟ آپ نے فرمایا: جس کے ماں باپ یا اُن میں سے کوئی ایک اُس کے پاس بڑھاپے کو پہنچا اور وہ اِس کے باوجود (اُن کی خدمت کر کے)۔ جنت میں داخل نہ ہو سکا۔

(٣٥)۔ عَبْدُ اللَّهِ بْنُ عَمْرٍو رَضِيَ اللَّهُ عَنْهُمَا يَقُولُ جَاءَ رَجُلٌ إِلَى النَّبِيِّ صَلَّى اللَّهُ عَلَيْهِ وَسَلَّمَ فَاسْتَأْذَنَهُ فِي الْجِهَادِ فَقَالَ: أَحَيٌّ وَالِدَاكَ قَالَ نَعَمْ قَالَ: فَفِيهِمَا فَجَاهِدْ۔ (بخاری، رقم ٣٠٠٤)

"عبد اللہ بن عمرو رضی اللہ عنہ کا بیان ہے کہ رسول اللہ صلی اللہ علیہ وسلم سے ایک شخص نے جہاد کی اجازت چاہی۔ آپ نے پوچھا: تمھارے والدین زندہ ہیں؟ عرض کیا: جی ہاں۔ فرمایا: پھر اُن کی خدمت میں رہو، یہی جہاد ہے۔"

(٣٦)۔ عَنْ أَبِي سَعِيدٍ الْخُدْرِيِّ أَنَّ رَجُلًا هَاجَرَ إِلَى رَسُولِ اللَّهِ صَلَّى اللَّهُ عَلَيْهِ وَسَلَّمَ مِنْ الْيَمَنِ فَقَالَ: هَلْ لَكَ أَحَدٌ بِالْيَمَنِ قَالَ أَبَوَايَ قَالَ: أَذِنَا لَكَ قَالَ لَا قَالَ: ارْجِعْ إِلَيْهِمَا فَاسْتَأْذِنْهُمَا فَإِنْ أَذِنَا لَكَ فَجَاهِدْ وَإِلَّا فَبِرَّهُمَا۔ (ابو داؤد، رقم٢٥٣٠)

"ابو سعید خدری کہتے ہیں کہ یمن کے لوگوں میں سے ایک شخص (جہاد کی غرض سے)۔ ہجرت کر کے رسول اللہ صلی اللہ علیہ وسلم کے پاس حاضر ہوا۔ آپ نے پوچھا: یمن میں کوئی عزیز ہے؟ عرض کیا: میرے ماں باپ ہیں۔ فرمایا: اُنھوں نے اجازت دی ہے؟ عرض کیا: نہیں۔ فرمایا: جاؤ اور اُن سے اجازت لو، اگر دیں تو جہاد کرو، ورنہ اُن کی خدمت کرتے رہو۔"

(٣٧)۔ عَنْ مُعَاوِيَةَ بْنِ جَاهِمَةَ السَّلَمِيِّ أَنَّ جَاهِمَةَ جَاءَ إِلَى النَّبِيِّ صَلَّى اللَّهُ عَلَيْهِ وَسَلَّمَ فَقَالَ يَا رَسُولَ اللَّهِ أَرَدْتُ أَنْ أَغْزُوَ وَقَدْ جِئْتُ أَسْتَشِيرُكَ فَقَالَ: هَلْ لَكَ مِنْ أُمٍّ قَالَ نَعَمْ قَالَ: فَالْزَمْهَا فَإِنَّ الْجَنَّةَ تَحْتَ رِجْلَيْهَا۔ (نسائی،رقم ٣١٠٦)

"معاویہ اپنے باپ جاہمہ رضی اللہ عنہ سے روایت کرتے ہیں کہ وہ حضور صلی اللہ علیہ وسلم کی خدمت میں حاضر ہوئے اور عرض کیا: یارسول اللہ، جہاد کے لیے جانا چاہتا ہوں اور آپ سے مشورے کے لیے حاضر ہوا ہوں۔ آپ نے پوچھا: تمھاری ماں زندہ ہے؟ عرض کیا: جی ہاں۔ فرمایا: تو اُس کی خدمت میں رہو، اِس لیے کہ جنت اُس کے پاؤں کے نیچے ہے۔"

(۳۸)۔ عَنْ عَبْدِ اللّٰهِ بْنِ عَمْرٍو عَنْ النَّبِيِّ صَلَّى اللّٰهُ عَلَيْهِ وَسَلَّمَ قَالَ: رِضَى الرَّبِّ فِي رِضَى الْوَالِدِ وَسَخَطُ الرَّبِّ فِي سَخَطِ الْوَالِدِ۔ (ترمذی، رقم ۱۸۹۹)

"عبداللہ بن عمرو رضی اللہ عنہما کی روایت ہے کہ رسول اللہ صلی اللہ علیہ وسلم نے فرمایا: پروردگار کی خوشی باپ کی خوشی میں اور اُس کی ناراضی باپ کی ناراضی میں ہے۔"

توضیح:

اِن احادیث میں رسول اللہ صلی اللہ علیہ وسلم نے یہ واضح کیا ہے کہ انسان کے لیے اُس کے والدین کی کیا حیثیت اور اہمیت ہے، چنانچہ فرمایا:

۱۔ والدین کے ساتھ اچھا برتاؤ جہاد جیسے عظیم عمل سے بھی افضل ہے، لہٰذا، اگر انھیں اولاد سے خدمت کی ضرورت ہے تو پھر انھیں تنہا چھوڑ کر جہاد پر چلے جانا صحیح نہیں ہے۔

۲۔ انسان اپنے بوڑھے والدین کی خدمت کر کے آسانی سے جنت حاصل کر سکتا ہے۔ اگر کسی شخص کے ماں باپ یا ان میں سے کوئی ایک بڑھاپے کی حالت میں اُس کے پاس موجود ہو اور وہ ان کی خدمت کر کے جنت حاصل نہیں کرتا تو وہ یقیناً بد نصیب ہے۔

۳۔ حسن سلوک کے حوالے سے ماں کا درجہ باپ سے تین گنا ہے۔

۴۔ انسان کی جنت اس کی ماں کے قدموں تلے ہے۔

۵۔ اللہ کی خوشی باپ کی خوشی میں اور اُس کی ناراضی باپ کی ناراضی میں ہے۔

والدین سے حسن سلوک کا صلہ

(۳۹)۔ عَنْ أَبِی الدَّرْدَاءِ أَنَّ رَجُلًا أَتَاهُ فَقَالَ إِنَّ لِی امْرَأَةً وَإِنَّ أُمِّی تَأْمُرُنِی بِطَلَاقِهَا قَالَ أَبُو الدَّرْدَاءِ سَمِعْتُ رَسُولَ اللَّهِ صَلَّی اللَّهُ عَلَيْهِ وَسَلَّمَ يَقُولُ: الْوَالِدُ أَوْسَطُ أَبْوَابِ الْجَنَّةِ فَإِنْ شِئْتَ فَأَضِعْ ذَلِكَ الْبَابَ أَوْ احْفَظْهُ۔ (ترمذی، رقم ۱۹۰۰)

"ابو درداء رضی اللہ عنہ کہتے ہیں کہ میں نے رسول اللہ صلی اللہ علیہ وسلم کو یہ کہتے ہوئے سنا: باپ جنت کا وسطی دروازہ ہے، خواہ تو اسے ضائع کر دے یا اس کی حفاظت کرے۔"

توضیح:

یہاں باپ سے مراد والدین ہیں۔ فرمایا کہ یہ جنت کا وسطی یعنی بہترین دروازہ ہیں، انسان ان کی خدمت کر کے نہایت آسانی سے جنت کا اعلیٰ درجہ حاصل کر سکتا ہے۔ چنانچہ یہ بات خود اُس پر منحصر ہے کہ وہ اپنی ابدی زندگی سنوارنے کے لیے کیا کرتا ہے اور کیا نہیں کرتا۔

والدین کا حق

(۴۰)۔ عَنْ عَبْدِ اللهِ بْنِ عمروٍ أَنَّ رَجُلًا أَتَی النَّبِیَّ صَلَّی اللَّهُ عَلَيْهِ وَسَلَّمَ فَقَالَ يَا رَسُولَ اللَّهِ إِنَّ لِی مَالًا وَوَلَدًا وَإِنَّ وَالِدِی يَحْتَاجُ مَالِی قَالَ: أَنْتَ وَمَالُكَ لِوَالِدِكَ إِنَّ أَوْلَادَكُمْ مِنْ أَطْيَبِ كَسْبِكُمْ فَكُلُوا مِنْ كَسْبِ أَوْلَادِكُمْ۔ (ابوداؤد، رقم ۳۵۳۰)

"عبداللہ بن عمرو رضی اللہ عنہما سے روایت ہے کہ نبی صلی اللہ علیہ وسلم کے پاس ایک آدمی آیا اور اس نے کہا اے اللہ کے رسول میرے پاس مال بھی ہے اور اولاد بھی اور میرے باپ کو میرے مال کی ضرورت ہے۔ آپ نے فرمایا: تو اور تیرا مال تیرے باپ ہی کا ہے۔ (اے لوگو)۔ بے شک تمھاری اولاد تمھاری پاکیزہ کمائی ہے، چنانچہ (تمھارے

لیے یہ جائز ہے کہ)۔ تم اپنی اولاد کی کمائی میں سے کھاؤ۔"

تو ضیح:

انسان کی اولاد اُس کی کمائی ہے۔ چنانچہ والدین اُن کی کمائی میں سے اپنی ضروریات کے بقدر بلا جھجک فائدہ اٹھا سکتے ہیں۔ اپنی اولاد کا مال ان کے لیے کسی غیر کا مال نہیں ہوتا۔

(۴) صلہ رحمی و قطع رحمی

صلہ رحمی

(٤١)۔ عَنْ أَبِی هُرَيْرَةَ رَضِیَ اللّٰهُ عَنْهُ عَنْ النَّبِیِّ صَلَّی اللّٰهُ عَلَيْهِ وَسَلَّمَ قَالَ: إِنَّ الرَّحِمَ شَجْنَةٌ مِنْ الرَّحْمَنِ فَقَالَ اللّٰهُ مَنْ وَصَلَكِ وَصَلْتُهُ وَمَنْ قَطَعَكِ قَطَعْتُهُ۔ (بخاری، رقم ٥٩٨٨)

"ابو ہریرہ رضی اللہ عنہ نبی صلی اللہ علیہ وسلم سے روایت کرتے ہیں کہ آپ نے فرمایا: رحم کا تعلق رحمن سے جڑا ہوا ہے، چنانچہ اللہ تعالیٰ نے (رحم سے)۔ فرمایا ہے کہ جو تجھے ملاتا ہے، میں اسے (اپنے ساتھ)۔ ملاتا ہوں اور جو تجھے کاٹتا ہے، میں اسے (اپنے آپ سے)۔ کاٹتا ہوں۔"

(٤٢)۔ عَنْ أَبِی هُرَيْرَةَ عَنْ النَّبِیِّ صَلَّی اللّٰهُ عَلَيْهِ وَسَلَّمَ قَالَ: إِنَّ اللّٰهَ خَلَقَ الْخَلْقَ حَتَّی إِذَا فَرَغَ مِنْ خَلْقِهِ قَالَتْ الرَّحِمُ هَذَا مَقَامُ الْعَائِذِ بِكَ مِنْ الْقَطِيعَةِ قَالَ نَعَمْ أَمَا تَرْضَيْنَ أَنْ أَصِلَ مَنْ وَصَلَكِ وَأَقْطَعَ مَنْ قَطَعَكِ قَالَتْ بَلَی يَا رَبِّ قَالَ فَهُوَ لَكِ، قَالَ رَسُولُ اللّٰهِ صَلَّی اللّٰهُ عَلَيْهِ وَسَلَّمَ: فَاقْرَءُوا إِنْ شِئْتُمْ، (فَهَلْ عَسَيْتُمْ إِنْ تَوَلَّيْتُمْ أَنْ تُفْسِدُوا فِی الْأَرْضِ وَتُقَطِّعُوا أَرْحَامَكُمْ)۔ (بخاری، رقم٥٩٨٧)، (مسلم، رقم ٦٥١٨)

"ابو ہریرہ رضی اللہ عنہ نبی صلی اللہ علیہ وسلم سے روایت کرتے ہیں کہ آپ نے فرمایا: اللہ تعالیٰ نے مخلوقات کو تخلیق کیا۔ پھر جب وہ تخلیق سے فارغ ہوا تو رحم (عرش کا پایہ پکڑ کر)۔ کھڑا ہوا اور کہا کہ یہ اس کی جگہ ہے جو قطع رحمی سے تیری پناہ چاہتا ہو۔ اللہ تعالیٰ نے کہا کہ ہاں، کیا تو اس پر راضی نہیں ہے کہ میں اس سے تعلق رکھوں گا جو تیرے تعلق کو جوڑے گا اور اس سے بے تعلق رہوں گا جو تیرے تعلق کو کاٹے گا۔ رحم نے کہا کہ کیوں نہیں اے میرے رب (میں راضی ہوں)۔ اللہ تعالیٰ نے فرمایا: تم کو یہ (مقام و

مرتبہ)۔ دیا گیا۔

رسول اللہ صلی اللہ علیہ وسلم نے فرمایا اگر تم چاہو تو یہ آیت پڑھ لو (پس اگر تم نے منہ پھیرا تو اس کے سوا تم سے کچھ متوقع نہیں کہ زمین میں فساد برپا کرو اور اپنے رحمی رشتوں پر چھری چلاؤ۔)"

(٤٣)۔ عَنْ أَبِی أَيُّوبَ الْأَنْصَارِیِّ رَضِیَ اللَّهُ عَنْهُ أَنَّ رَجُلًا قَالَ يَا رَسُولَ اللَّهِ أَخْبِرْنِی بِعَمَلٍ يُدْخِلُنِی الْجَنَّةَ فَقَالَ الْقَوْمُ مَا لَهُ مَا لَهُ فَقَالَ رَسُولُ اللَّهِ صَلَّى اللَّهُ عَلَيْهِ وَسَلَّمَ: أَرَبٌ مَا لَهُ، فَقَالَ النَّبِیُّ صَلَّى اللَّهُ عَلَيْهِ وَسَلَّمَ: تَعْبُدُ اللَّهَ لَا تُشْرِكُ بِهِ شَيْئًا وَتُقِيمُ الصَّلَاةَ وَتُؤْتِی الزَّكَاةَ وَتَصِلُ الرَّحِمَ ذَرْهَا، قَالَ كَأَنَّهُ كَانَ عَلَى رَاحِلَتِهِ۔ (بخاری، رقم٥٩٨٣)

"ابو ایوب انصاری رضی اللہ عنہ سے روایت ہے کہ ایک آدمی نے کہا اے اللہ کے رسول آپ مجھے کوئی ایسا عمل بتائیں جو مجھے جنت میں داخل کر دے۔ لوگ (اسے دیکھ کر)۔ کہنے لگے اسے کیا ہو گیا ہے، اسے کیا ہو گیا ہے، رسول اللہ صلی اللہ علیہ وسلم نے فرمایا: بھئی اسے ہونا کیا ہے، (اسے ضرورت ہے اس لیے پوچھ رہا ہے)، پھر نبی صلی اللہ علیہ وسلم نے (اس کی طرف متوجہ ہو کر)۔ کہا: تم اللہ کی عبادت کرو اور اس کے ساتھ کسی کو بھی شریک نہ ٹھہراؤ، نماز کا اہتمام کرو، زکوۃ دو اور صلہ رحمی کرو۔ (تمھارا مسئلہ حل ہوا، اب)۔ اس (اونٹ کی لگام) کو چھوڑ دو، ایسا لگتا ہے کہ اس وقت آپ اپنی سواری پر تھے۔"

(٤٤)۔ عَنْ أَبِی أَيُّوبَ أَنَّ أَعْرَابِيًّا عَرَضَ لِرَسُولِ اللَّهِ صَلَّى اللَّهُ عَلَيْهِ وَسَلَّمَ وَهُوَ فِی سَفَرٍ فَأَخَذَ بِخِطَامِ نَاقَتِهِ أَوْ بِزِمَامِهَا ثُمَّ قَالَ يَا رَسُولَ اللَّهِ أَوْ يَا مُحَمَّدُ أَخْبِرْنِی بِمَا يُقَرِّبُنِی مِنَ الْجَنَّةِ وَمَا يُبَاعِدُنِی مِنَ النَّارِ قَالَ فَكَفَّ النَّبِیُّ صَلَّى اللَّهُ عَلَيْهِ وَسَلَّمَ ثُمَّ نَظَرَ فِی أَصْحَابِهِ ثُمَّ قَالَ: لَقَدْ وُفِّقَ أَوْ لَقَدْ هُدِیَ قَالَ: كَيْفَ قُلْتَ قَالَ فَأَعَادَ فَقَالَ النَّبِیُّ صَلَّى اللَّهُ عَلَيْهِ وَسَلَّمَ: تَعْبُدُ اللَّهَ لَا تُشْرِكُ بِهِ شَيْئًا وَتُقِيمُ الصَّلَاةَ وَتُؤْتِی الزَّكَاةَ وَتَصِلُ الرَّحِمَ دَعْ النَّاقَةَ۔ (مسلم، رقم ١٠٤)

"ابو ایوب انصاری رضی اللہ عنہ سے روایت ہے کہ ایک سفر کے دوران میں ایک بدو نبی صلی اللہ علیہ وسلم کے سامنے آیا اور آپ کی اونٹنی کی رسی یا نکیل پکڑ لی۔ پھر اُس نے کہا، اے اللہ کے رسول! یا کہا اے محمد! آپ مجھے کوئی ایسا عمل بتائیں جو مجھے جنت کے قریب کر دے اور دوزخ سے دور کر دے۔ راوی کہتے ہیں کہ (یہ سن کر)۔ نبی صلی اللہ علیہ وسلم رک گئے اور پھر اپنے صحابہ پر نظر ڈالی اور کہا کہ اسے توفیق دی گئی ہے، یا یہ کہا کہ یہ ہدایت دیا گیا ہے۔ آپ نے اُس سے فرمایا (پھر سے کہو)۔ تم نے کیا پوچھا تھا۔ تو اُس نے اپنی بات دوہرا دی، تو آپ نے فرمایا: تم اللہ کی عبادت کرو اور اس کے ساتھ کسی کو بھی شریک نہ ٹھہراؤ، نماز کا اہتمام کرو، زکوٰۃ دو اور صلہ رحمی کرو۔ اونٹ (کی لگام) کو چھوڑ دو۔"

توضیح:

ان احادیث میں بعض دوسری اہم باتوں کے ساتھ رحمی رشتہ و تعلق کی اہمیت بیان کی گئی ہے۔ فرمایا کہ جو شخص رحمی رشتوں کے حقوق ادا کرے گا، وہی اپنے ساتھ خدا کے تعلق کی امید کر سکتا ہے اور جو شخص انھیں کاٹے گا تو وہ یاد رکھے کہ اُسے خدا اپنے آپ سے کاٹ دے گا۔

قطع رحمی کی سزا

(٤٥)۔ عَنْ جُبَیْرِ بْنِ مُطْعِمٍ أَنَّهُ سَمِعَ النَّبِیَّ صَلَّى اللَّهُ عَلَیْهِ وَسَلَّمَ یَقُولُ: لَا یَدْخُلُ الْجَنَّةَ قَاطِعٌ۔ (بخاری، رقم ٥٩٨٤)

"جبیر بن مطعم رضی اللہ عنہ سے روایت ہے کہ انھوں نے نبی صلی اللہ علیہ وسلم کو یہ کہتے ہوئے سنا کہ جنت میں قطع رحمی کرنے والا داخل نہیں ہو گا۔"

(٤٦)۔ عَنْ جُبَیْرِ بْنِ مُطْعِمٍ أَنَّ رَسُولَ اللَّهِ صَلَّى اللَّهُ عَلَیْهِ وَسَلَّمَ قَالَ: لَا یَدْخُلُ الْجَنَّةَ قَاطِعُ رَحِمٍ۔ (مسلم، رقم ٦٥٢١)

"جبیر بن مطعم رضی اللہ عنہ سے روایت ہے کہ نبی صلی اللہ علیہ وسلم نے فرمایا: قطع

رحمی کرنے والا جنت میں داخل نہیں ہو گا۔"

توضیح:

اِن احادیث میں قطع رحمی کے جرم کی سنگینی بیان کی گئی ہے۔ قطع رحمی سے یہ مراد نہیں کہ کسی آدمی سے صلہ رحمی کے حوالے سے کچھ کوتاہیاں ہو جائیں۔ بلکہ یہاں 'قطع رحمی کرنے والے' سے مراد وہ شخص ہے جس نے رحمی رشتوں کے حقوق کو پامال کیا، یہاں تک کہ اُسے خدا کی عدالت میں قطع رحمی کا باقاعدہ مجرم قرار دیا گیا۔ ایسے شخص کے بارے میں یہ وعید ہے کہ وہ جنت میں داخل نہیں ہو گا۔

رحمی رشتوں کو توڑ دینا بڑی سنگ دلی کی بات ہوتی ہے، یہی وجہ ہے کہ خدا کے نزدیک یہ بہت بڑا جرم ہے اور اِس کا مرتکب جنت میں داخل نہیں ہو گا۔

صلہ رحمی کی برکات

(٤٧)۔ عَنْ أَنَسِ بْنِ مَالِكٍ أَنَّ رَسُولَ اللّٰهِ صَلَّى اللّٰهُ عَلَيْهِ وَسَلَّمَ قَالَ: مَنْ أَحَبَّ أَنْ يُبْسَطَ لَهُ فِى رِزْقِهِ وَيُنْسَأَ لَهُ فِى أَثَرِهِ فَلْيَصِلْ رَحِمَهُ۔ (بخاری، رقم ٥٩٨٦)، (مسلم، رقم ٦٥٢٣)

"انس بن مالک رضی اللہ عنہ سے روایت ہے کہ نبی صلی اللہ علیہ وسلم نے فرمایا: جسے یہ پسند ہو کہ اس کے رزق میں فراخی اور عمر میں برکت ہو تو اسے چاہیے کہ وہ صلہ رحمی کرے۔"

توضیح:

رزق میں فراخی اور عمر میں برکت کے الفاظ زندگی کے ہر پہلو میں خدا کی رحمت اور اُس کے فضل کو بیان تے ہیں۔ اس حدیث میں یہ بتایا گیا ہے کہ جو شخص اپنے قرابت داروں کے حقوق کی نگہداشت کرتا ہے، اللہ تعالیٰ اس کے لیے اپنی نعمتوں میں اضافہ بھی کرتے اور اُسے ان نعمتوں سے فائدہ اٹھانے کا موقع بھی دیتے ہیں۔

صلہ رحمی کا کمال

(٤٨)۔ عَنْ عَبْدِ اللّٰهِ بْنِ عَمْرٍو عَنِ النَّبِيِّ صَلَّى اللّٰهُ عَلَيْهِ وَسَلَّمَ قَالَ: لَيْسَ الْوَاصِلُ بِالْمُكَافِءِ وَلَكِنْ الْوَاصِلُ الَّذِي إِذَا قُطِعَتْ رَحِمُهُ وَصَلَهَا۔ (بخاری، رقم ٥٩٩١)

"عبد اللہ بن عمرو رضی اللہ عنہما نبی صلی اللہ علیہ وسلم سے روایت کرتے ہیں کہ آپ نے فرمایا: صلہ رحمی (کا کمال)۔ یہ نہیں کہ آدمی بدلے میں صلہ رحمی کرے، بلکہ یہ ہے کہ آدمی قطع رحمی کرنے والے کے ساتھ بھی صلہ رحمی کرے۔"

توضیح:

"یہ بات درست ہے کہ اچھے رویے کے جواب میں اچھا رویہ ہی اختیار کرنا چاہیے۔ جیسے کہ ارشاد باری ہے:

نیکی کا بدلہ نیکی ہی ہے"۔ (الرحمن ٥٥:٦٠)

لیکن اس رویے کو ہم کسی آدمی کی نیکی کا کمال نہیں کہہ سکتے۔ نیکی کا کمال یہ ہے آدمی برا سلوک کرنے والے کے ساتھ بھی اچھا سلوک کرے، جیسا کہ ارشاد باری ہے:

"اور بھلائی اور برائی دونوں یکساں نہیں ہیں تم برائی کو اُس چیز (نیکی) سے ہٹاؤ جو زیادہ بہتر ہے، تو تم دیکھو گے کہ وہی جس کے اور تمھارے درمیان عداوت ہے، وہ گویا ایک گہرا دوست بن گیا ہے"۔ (حٰم السجدة ٤١: ٣٤)

یقیناً نیکی کا کمال یہی ہے کہ آدمی برائی کے جواب میں بھی نیکی ہی کرے۔

درج بالا حدیث میں یہ بتایا گیا ہے کہ صلہ رحمی کا کمال یہ نہیں کہ آدمی صرف انھی لوگوں کے ساتھ صلہ رحمی کرے جو اُس کے ساتھ صلہ رحمی کرتے ہیں، بلکہ اِس کا کمال تو یہ ہے کہ انسان اُن کے ساتھ بھی صلہ رحمی ہی کا برتاؤ کرے جو اُس کے ساتھ قطع رحمی کرتے ہیں۔

یتیم کی پرورش کا صلہ

(٤٩)۔ عَنْ سَهْلِ بْنِ سَعْدٍ عَنِ النَّبِيِّ صَلَّى اللَّهُ عَلَيْهِ وَسَلَّمَ قَالَ: أَنَا وَكَافِلُ الْيَتِيمِ فِى الْجَنَّةِ هَكَذَا وَقَالَ بِإِصْبَعَيْهِ السَّبَّابَةِ وَالْوُسْطَى۔ (بخاری، رقم ٦٠٠٥)

"سھل بن سعد رضی اللہ عنہ نبی صلی اللہ علیہ وسلم سے روایت کرتے ہیں کہ آپ نے فرمایا: میں اور یتیم کی کفالت کرنے والے جنت میں اس طرح ہوں گے جیسے یہ، آپ نے اپنی دو انگلیوں انگشت شہادت اور درمیانی انگلی سے اشارہ کر کے بتایا۔"

(٥٠)۔ عَنْ أَبِى هُرَيْرَةَ قَالَ قَالَ رَسُولُ اللَّهِ صَلَّى اللَّهُ عَلَيْهِ وَسَلَّمَ: كَافِلُ الْيَتِيمِ لَهُ أَوْ لِغَيْرِهِ أَنَا وَهُوَ كَهَاتَيْنِ فِى الْجَنَّةِ وَأَشَارَ مَالِكٌ بِالسَّبَّابَةِ وَالْوُسْطَى۔ (مسلم، رقم ٧٤٦٩)

"ابوہریرہ رضی اللہ عنہ سے روایت ہے کہ رسول اللہ صلی اللہ علیہ وسلم نے فرمایا: میں اور یتیم کی کفالت کرنے والا خواہ وہ یتیم اس کا رشتہ دار ہو یا غیر، جنت میں اس طرح ہوں گے، جیسے یہ دو انگلیاں۔ امام مالکؒ نے انگشت شہادت اور درمیانی انگلی سے اشارہ کر کے بتایا۔"

توضیح:

بچہ اپنی ہر ضرورت کے لیے ماں باپ کا محتاج ہوتا ہے۔ اگر وہ ماں باپ کے سہارے سے محروم ہو جائے تو پھر اس سے زیادہ بے بس و بے کس شاید ہی اور کوئی ہو۔ چنانچہ آپ نے بتایا کہ جو شخص کسی یتیم کی ذمہ داری اٹھاتا اور اُس کی کفالت کرتا ہے وہ خدا کی نظر میں اتنا پسندیدہ عمل کرتا ہے کہ اسے جنت میں میرا ساتھ اس طرح میسر ہو گا جیسے انگشت شہادت اور درمیانی انگلی ساتھ ساتھ ہوتی ہیں۔

پڑوسی کے حقوق

(٥١)۔ عَنْ أَبِى شُرَيْحٍ أَنَّ النَّبِيَّ صَلَّى اللَّهُ عَلَيْهِ وَسَلَّمَ قَالَ: وَاللَّهِ لَا يُؤْمِنُ وَاللَّهِ لَا يُؤْمِنُ وَاللَّهِ لَا يُؤْمِنُ قِيلَ وَمَنْ يَا رَسُولَ اللَّهِ قَالَ: الَّذِى لَا يَأْمَنُ جَارُهُ بَوَايِقَهُ۔ (بخاری، رقم

٦٠١٦)

"ابو شریح رضی اللہ عنہ سے روایت ہے کہ نبی صلی اللہ علیہ وسلم نے فرمایا: خدا کی قسم، وہ مومن نہ ہو گا؛ خدا کی قسم، وہ مومن نہ ہو گا؛ خدا کی قسم، وہ مومن نہ ہو گا۔ لوگوں نے پوچھا: کون یارسول اللہ؟ آپ نے فرمایا: جس کا پڑوسی اُس کی شرارتوں سے محفوظ نہیں ہے۔"

توضیح:

امن وامان ہر شخص کا بنیادی حق ہے۔ ہر پڑوسی پر اُس کے پڑوسی کا یہ حق باقی سب لوگوں سے زیادہ ہوتا ہے۔ چنانچہ یہ نہیں ہو سکتا کہ خدا اور آخرت پر سچے دل سے ایمان رکھنے والا کوئی شخص اپنے پڑوسی کو اُس کے اس بنیادی حق ہی سے محروم کر دے اور اپنی شرارتوں سے اُس کو تنگ کرے۔

(٥٢)۔ عَنْ عَائِشَةَ رَضِیَ اللّٰهُ عَنْهَا عَنِ النَّبِیِّ صَلَّی اللّٰهُ عَلَیْهِ وَسَلَّمَ قَالَ: مَا زَالَ یُوصِینِی جِبْرِیلُ بِالْجَارِ حَتَّی ظَنَنْتُ أَنَّهُ سَیُوَرِّثُهُ۔ (بخاری، رقم ٦٠١٤)

"عائشہ رضی اللہ عنہا سے روایت ہے کہ نبی صلی اللہ علیہ وسلم نے فرمایا: جبریل نے مجھے پڑوسی کے حقوق کی اِس قدر تاکید کی کہ مجھے خیال ہوا، یہ تو عنقریب اسے وراثت میں حق دار بنا دیں گے۔"

توضیح:

اللہ تعالیٰ نے قریبی رشتہ داروں کی طرح پڑوسی کو انسان کی میراث میں حصہ دار تو نہیں بنایا، لیکن یہ حدیث ہمیں بتاتی ہے کہ حسن سلوک کے پہلو سے پڑوسیوں کا حق انھی قریبی رشتہ داروں کی مثل ہے جنھیں انسان کی میراث میں حصہ دار بنایا گیا ہے۔

میراث میں حصوں کی تقسیم کا اصول "أیھم أقرب لکم نفعاً" (النساء٤: ١١) ہے، یعنی رشتہ داروں میں سے بلحاظ منفعت کون زیادہ قریب ہے، چنانچہ منفعت کے لحاظ سے

زیادہ قریبی رشتہ دار زیادہ حصہ پاتا ہے۔

اس میں کوئی شک نہیں کہ پڑوسیوں کی منفعت رشتہ داروں کی منفعت جیسی نہیں ہوتی، جبھی تو انھیں میراث میں حصہ نہیں دیا گیا۔ لیکن خدا کے نزدیک پڑوس کا رشتہ ایسا اہم ہے کہ اِس کی بنا پر باہم خیر خواہی کی جو ذمہ داری بنتی ہے وہ انھیں حسن سلوک کے حوالے سے قریبی رشتہ داروں جیسے حقوق دلا دیتی ہے۔ چنانچہ جبریل علیہ السلام نے نبی صلی اللہ علیہ وسلم کو پڑوسی کے حقوق کی اِس قدر تاکید کی کہ انھیں خیال ہوا، یہ انھیں کہیں وراثت ہی میں حق دار نہ بنا دیں۔

پڑوسیوں کی خبر گیری

(٥٣)۔ عَنْ أَبِی ذَرٍّ قَالَ إِنَّ خَلِيلِی صَلَّى اللَّهُ عَلَيْهِ وَسَلَّمَ أَوْصَانِی: إِذَا طَبَخْتَ مَرَقًا فَأَكْثِرْ مَاءَهُ ثُمَّ انْظُرْ أَهْلَ بَيْتٍ مِنْ جِيرَانِكَ فَأَصِبْهُمْ مِنْهَا بِمَعْرُوفٍ۔ (مسلم، رقم ٦٦٨٩)

"ابو ذر غفاری رضی اللہ عنہ سے روایت ہے کہ میرے دوست صلی اللہ علیہ وسلم نے مجھے نصیحت کی کہ جب تم شوربا پکاؤ تو اُس میں پانی بڑھا دیا کرو اور اپنے ہم سایوں کو دیکھو اور پھر (ان میں سے جس کو اس کی ضرورت ہو)۔ اسے اس میں سے کچھ دے دو۔"

توضیح:

اس حدیث کا مطلب یہ ہے کہ انسان کو ہر حال میں اور ہر ممکن طریقے سے اپنے پڑوسیوں کی ضروریات کا خیال رکھنا چاہیے۔

(٥٤)۔ عَنْ أَبِی هُرَيْرَةَ قَالَ كَانَ النَّبِیُّ صَلَّى اللَّهُ عَلَيْهِ وَسَلَّمَ يَقُولُ: يَا نِسَاءَ الْمُسْلِمَاتِ لَا تَحْقِرَنَّ جَارَةٌ لِجَارَتِهَا وَلَوْ فِرْسِنَ شَاةٍ۔ (بخاری، رقم ٦٠١٧)

"ابو ہریرہ رضی اللہ عنہ سے روایت ہے کہ نبی صلی اللہ علیہ وسلم فرمایا کرتے تھے: مسلمان بیویو، تم میں سے کوئی اپنی پڑوسن کے لیے کسی تحفے کو حقیر نہ سمجھے، اگرچہ وہ بکری کا ایک کھر ہی کیوں نہ ہو۔"

(٥٥)۔ عَنْ أَبِي هُرَيْرَةَ عَنِ النَّبِيِّ صَلَّى اللّٰهُ عَلَيْهِ وَسَلَّمَ قَالَ: تَهَادَوْا فَإِنَّ الْهَدِيَّةَ تُذْهِبُ وَحَرَ الصَّدْرِ وَلَا تَحْقِرَنَّ جَارَةٌ لِجَارَتِهَا وَلَوْ شِقَّ فِرْسِنِ شَاةٍ۔ (ترمذی، رقم ٢١٣٠)

"نبی صلی اللہ علیہ وسلم سے روایت ہے کہ آپ نے فرمایا: باہم تحفے دیا کرو، کیونکہ تحفہ دل کے کینے اور غصے کو زائل کر دیتا ہے اور کوئی بی بی اپنی پڑوسن کے لیے کسی تحفے کو حقیر نہ سمجھے، اگرچہ وہ بکری کا ایک کھر ہی کیوں نہ ہو۔"

توضیح:

پہلی بات یہ ہے کہ تحفہ خواہ قیمتی ہو یا حقیر بہر حال محبت کا اظہار ہوتا ہے اور دوسری یہ کہ پڑوسی ہمارے ان متعلقین میں سے ہے جو ہمارے لیے انتہائی قابلِ تکریم ہوتے ہیں۔ آپ نے یہ واضح فرمایا کہ اگر کسی پڑوسی کے لیے اپنے پڑوسی کو دینے کے لیے کوئی چھوٹا سا تحفہ ہی کیوں نہ ہو، اسے وہ تحفہ حقیر جانتے ہوئے اپنے پڑوسی کو بھیجنے میں شرمانا اور ہچکچانا نہیں چاہیے۔

پڑوسی اور مہمان کا اکرام

(٥٦)۔ عَنْ أَبِي شُرَيْحٍ الْعَدَوِيِّ قَالَ سَمِعَتْ أُذُنَايَ وَأَبْصَرَتْ عَيْنَايَ حِينَ تَكَلَّمَ النَّبِيُّ صَلَّى اللّٰهُ عَلَيْهِ وَسَلَّمَ فَقَالَ: مَنْ كَانَ يُؤْمِنُ بِاللّٰهِ وَالْيَوْمِ الْآخِرِ فَلْيُكْرِمْ جَارَهُ وَمَنْ كَانَ يُؤْمِنُ بِاللّٰهِ وَالْيَوْمِ الْآخِرِ فَلْيُكْرِمْ ضَيْفَهُ جَائِزَتَهُ قَالَ وَمَا جَائِزَتُهُ يَا رَسُولَ اللّٰهِ قَالَ: يَوْمٌ وَلَيْلَةٌ وَالضِّيَافَةُ ثَلَاثَةُ أَيَّامٍ فَمَا كَانَ وَرَاءَ ذٰلِكَ فَهُوَ صَدَقَةٌ عَلَيْهِ وَمَنْ كَانَ يُؤْمِنُ بِاللّٰهِ وَالْيَوْمِ الْآخِرِ فَلْيَقُلْ خَيْرًا أَوْ لِيَصْمُتْ۔ (بخاری، رقم ٦٠١٩)

"ابو شریح عدوی رضی اللہ عنہ کہتے ہیں کہ میرے کانوں نے سنا اور آنکھوں نے دیکھا ہے جب نبی صلی اللہ علیہ وسلم یہ فرما رہے تھے: جو اللہ اور روز آخر پر ایمان رکھتا ہے، اُسے چاہیے کہ وہ اپنے پڑوسی کی عزت کرے اور جو اللہ اور روز آخر پر ایمان رکھتا ہے، اُسے چاہیے کہ وہ اپنے مہمان کا (خاطر داری کے)۔ دستور کے مطابق اکرام کرے،

لوگوں نے پوچھا، اے اللہ کے رسول دستور کے موافق کب تک، آپ نے فرمایا(خاطر داری)۔ ایک دن اور ایک رات تک اور میزبانی تین دن تک کی ہے۔ اس کے بعد جو کچھ ہو گا وہ صدقہ ہو گا، اور جو اللہ اور روز آخر پر ایمان رکھتا ہے، اُسے چاہیے کہ وہ اچھی بات کہے یا خاموش رہے۔"

(٥٧)۔ عَنْ أَبِی شُرَیْحٍ الْکَعْبِیِّ أَنَّ رَسُولَ اللّٰهِ صَلَّی اللّٰهُ عَلَیْهِ وَسَلَّمَ قَالَ: مَنْ کَانَ یُؤْمِنُ بِاللّٰهِ وَالْیَوْمِ الْآخِرِ فَلْیُکْرِمْ ضَیْفَهُ جَائِزَتُهُ یَوْمٌ وَلَیْلَةٌ وَالضِّیَافَةُ ثَلَاثَةُ أَیَّامٍ فَمَا بَعْدَ ذَلِكَ فَهُوَ صَدَقَةٌ وَلَا یَحِلُّ لَهُ أَنْ یَثْوِیَ عِنْدَهُ حَتَّی یُحْرِجَهُ- (وَ)۔ مَنْ کَانَ یُؤْمِنُ بِاللّٰهِ وَالْیَوْمِ الْآخِرِ فَلْیَقُلْ خَیْرًا أَوْ لِیَصْمُتْ۔ (بخاری، رقم ٦١٣٥)

"ابو شریح کعبی رضی اللہ عنہ کہتے ہیں کہ نبی صلی اللہ علیہ وسلم نے فرمایا: جو اللہ اور روز آخر پر ایمان رکھتا ہے، اُسے چاہیے کہ وہ اپنے مہمان کا اکرام کرے، اس کی خاطر داری بس ایک دن اور ایک رات کی ہے اور میزبانی تین دن تک ہے۔ اس کے بعد جو کچھ ہو گا وہ صدقہ ہو گا۔ مہمان کے لیے یہ جائز نہیں کہ وہ اپنے میزبان کے پاس اتنے دن ٹھہر جائے کہ اُسے تنگ کر ڈالے۔ جو اللہ اور روز آخر پر ایمان رکھتا ہے، اُسے چاہیے کہ وہ اچھی بات کہے یا خاموش رہے۔"

توضیح:

اس حدیث میں یہ باتیں بتائی گئی ہیں:

ا۔ ہر صاحبِ ایمان پر لازم ہے کہ وہ اپنے پڑوسی اور اپنے مہمان کی عزت کرے اور دستور کے مطابق مہمان کی خاطر داری کرے، کیونکہ قیامت کے دن اُن کے بارے میں پوچھا جائے گا۔

٢۔ دستور کے مطابق خاطر داری کی مدت ایک دن رات تک ہے۔ البتہ مہمانی کی مدت تین دن رات تک ہے۔

۳۔ اگر کوئی مہمان تین دن سے زیادہ قیام کرتا ہے تو پھر اس پر جو کچھ خرچ کیا جائے گا، وہ میزبان کی طرف سے صدقہ ہو گا۔

۴۔ کسی مہمان کے لیے یہ جائز نہیں کہ وہ میزبان کے پاس اتنے دن قیام کرے کہ وہ اُس سے تنگ آ جائے۔

۵۔ ہر صاحب ایمان کو چاہیے کہ وہ اپنے منہ سے اچھی بات نکالے، ورنہ خاموش رہے، کیونکہ اسے اپنے سب افعال و اعمال کے بارے میں خدا کو جواب دینا ہے۔

(۵) محرم کے بغیر سفر اور نامحرم کے ساتھ تخلیہ کی مناہی

محرم کے بغیر سفر اور نامحرم کے ساتھ تخلیہ کی مناہی

(۵۸)۔ عَنْ أَبِی هُرَیْرَةَ رَضِیَ اللَّهُ عَنْهُمَا قَالَ قَالَ النَّبِیُّ صَلَّی اللَّهُ عَلَیْهِ وَسَلَّمَ: لَا یَحِلُّ لِامْرَأَةٍ تُؤْمِنُ بِاللَّهِ وَالْیَوْمِ الْآخِرِ أَنْ تُسَافِرَ مَسِیرَةَ یَوْمٍ وَلَیْلَةٍ لَیْسَ مَعَهَا حُرْمَةٌ۔ (بخاری، رقم ۱۰۸۸)

"ابو ہریرہ رضی اللہ عنہ سے روایت ہے کہ نبی صلی اللہ علیہ وسلم نے فرمایا: جو عورت اللہ اور روز آخرت پر ایمان رکھتی ہے اس کے لیے یہ جائز نہیں کہ وہ بغیر کسی محرم کے ایک دن رات کا سفر کرے۔"

(۵۹)۔ عَنْ ابْنِ عَبَّاسٍ رَضِیَ اللَّهُ عَنْهُمَا أَنَّهُ سَمِعَ النَّبِیَّ صَلَّی اللَّهُ عَلَیْهِ وَسَلَّمَ یَقُولُ: لَا یَخْلُوَنَّ رَجُلٌ بِامْرَأَةٍ وَلَا تُسَافِرَنَّ امْرَأَةٌ إِلَّا وَمَعَهَا مَحْرَمٌ، فَقَامَ رَجُلٌ فَقَالَ یَا رَسُولَ اللَّهِ اکْتُتِبْتُ فِی غَزْوَةِ کَذَا وَکَذَا وَخَرَجَتْ امْرَأَتِی حَاجَّةً قَالَ: اذْهَبْ فَحُجَّ مَعَ امْرَأَتِكَ۔ (بخاری، رقم ۳۰۰۶)

"ابن عباس رضی اللہ عنہما کہتے ہیں کہ انھوں نے نبی صلی اللہ علیہ وسلم کو یہ فرماتے ہوئے سنا کہ کوئی مرد اور عورت ہرگز تنہائی میں اکٹھے نہ ہوں اور محرم کے بغیر ہرگز کوئی عورت سفر نہ کرے، اتنے میں ایک آدمی کھڑا ہوا اور اُس نے کہا یارسول اللہ میں نے اپنا نام فلاں فلاں غزوے میں لکھوا رکھا ہے، جب کہ میری بیوی حج کرنے کے لیے جارہی ہے۔ آپ نے فرمایا: پھر تم اس کے ساتھ حج پر جاؤ۔"

(۶۰)۔ عَنْ ابْنِ عُمَرَ رَضِیَ اللَّهُ عَنْهُمَا أَنَّ النَّبِیَّ صَلَّی اللَّهُ عَلَیْهِ وَسَلَّمَ قَالَ: لَا تُسَافِرْ الْمَرْأَةُ ثَلَاثَةَ أَیَّامٍ إِلَّا مَعَ ذِی مَحْرَمٍ۔ (بخاری، رقم ۱۰۸۶)

"ابن عمر رضی اللہ عنہما سے روایت ہے کہ نبی صلی اللہ علیہ وسلم نے فرمایا: عورت

تین دن سے زیادہ کا سفر محرم کے بغیر نہ کرے۔"

(٦١)۔ عَنْ أَبِی سَعِيدٍ الْخُدْرِیِّ قَالَ قَالَ رَسُولُ اللّٰهِ صَلَّى اللّٰهُ عَلَيْهِ وَسَلَّمَ: لَا يَحِلُّ لِامْرَأَةٍ تُؤْمِنُ بِاللّٰهِ وَالْيَوْمِ الْآخِرِ أَنْ تُسَافِرَ سَفَرًا يَكُونُ ثَلَاثَةَ أَيَّامٍ فَصَاعِدًا إِلَّا وَمَعَهَا أَبُوهَا أَوْ ابْنُهَا أَوْ زَوْجُهَا أَوْ أَخُوهَا أَوْ ذُو مَحْرَمٍ مِنْهَا۔ (مسلم، رقم ٣٢٧٠)

ابو سعید خدری رضی اللہ عنہ سے روایت ہے کہ رسول اللہ صلی اللہ علیہ وسلم نے فرمایا: جو عورت اللہ اور آخرت کے دن پر ایمان رکھتی ہے اس کے لیے جائز نہیں کہ وہ تین دن یا اُس سے زیادہ کا سفر کرے مگر یہ کہ اُس کے ساتھ اس کا باپ، اس کا بیٹا، اس کا شوہر، اس کا بھائی یا اس کا کوئی اور محرم رشتہ دار ہو۔"

توضیح:

ان احادیث میں یہ باتیں بتائی گئی ہیں:

ا۔ نامحرم مرد و عورت کے لیے یہ جائز نہیں کہ وہ (کسی خاص مجبوری کے بغیر)۔ تنہائی میں اکٹھے ہوں۔

۲۔ کسی عورت کے لیے یہ جائز نہیں کہ وہ کوئی (غیر محفوظ)۔ سفر تنہا کرے، بلکہ ضروری ہے کہ ایسے اسفار میں اُس کا کوئی محرم رشتہ دار اُس کے ساتھ موجود ہو۔

۳۔ نبی صلی اللہ علیہ وسلم نے اپنے زمانے میں موجود صورتِ حال کے مطابق بعض موقع و محل میں اِس سفر کی حد ایک دن رات یا اس سے زیادہ اور بعض میں تین دن رات یا اس سے زیادہ مقرر کی ہے۔

خواتین کے لیے تیز خوشبو کی مناہی

(٦٢)۔ عَنْ زَيْنَبَ امْرَأَةِ عَبْدِ اللّٰهِ قَالَتْ قَالَ لَنَا رَسُولُ اللّٰهِ صَلَّى اللّٰهُ عَلَيْهِ وَسَلَّمَ: إِذَا شَهِدَتْ إِحْدَاكُنَّ الْمَسْجِدَ فَلَا تَمَسَّ طِيبًا۔ (مسلم، رقم، ٩٩٧)

"عبد اللہ بن مسعود کی بیوی زینب رضی اللہ عنہما کہتی ہیں کہ رسول اللہ صلی اللہ

علیہ وسلم نے ہم سے فرمایا: تم میں سے جب کوئی مسجد میں آئے تو وہ ہرگز خوشبو نہ لگائے۔"

(٦٣)۔ عَنْ أَبِي مُوسَى عَنِ النَّبِيِّ صَلَّى اللّٰهُ عَلَيْهِ وَسَلَّمَ قَالَ: إِذَا اسْتَعْطَرَتْ الْمَرْأَةُ فَمَرَّتْ عَلَى الْقَوْمِ لِيَجِدُوا رِيحَهَا فَهِيَ كَذَا وَكَذَا قَالَ قَوْلًا شَدِيدًا۔ (ابوداؤد، رقم ٤١٧٣)

"ابو موسیٰ اشعری رضی اللہ عنہ روایت کرتے ہیں کہ نبی صلی اللہ علیہ وسلم نے فرمایا: جب کوئی عورت مردوں میں خوشبو لگا کر جاتی ہے تاکہ وہ اُس کی خوشبو سونگھیں تو وہ اِس اِس طرح سے ہے، آپ نے (اُس کے بارے میں)۔ بہت سخت الفاظ فرمائے۔"

(٦٤)۔ عَنْ الْأَشْعَرِيِّ قَالَ قَالَ رَسُولُ اللّٰهِ صَلَّى اللّٰهُ عَلَيْهِ وَسَلَّمَ: أَيُّمَا امْرَأَةٍ اسْتَعْطَرَتْ فَمَرَّتْ عَلَى قَوْمٍ لِيَجِدُوا مِنْ رِيحِهَا فَهِيَ زَانِيَةٌ۔ (نسائی، رقم ٥١٢٩)

"ابو موسی اشعری رضی اللہ عنہ سے روایت ہے کہ رسول اللہ صلی اللہ علیہ وسلم نے فرمایا: جو عورت مردوں میں خوشبو لگا کر جاتی ہے تاکہ وہ اُس کی خوشبو سونگھیں تو وہ زانیہ ہے۔"

توضیح:

ان احادیث سے درج ذیل نکات سامنے آتے ہیں:

۱۔ جنس مخالف کو اپنی طرف متوجہ کرنے کے لیے اگر کوئی خاتون تیز یعنی پھیلنے والی خوشبو لگاتی ہے تو یہ صریحاً حرام ہے اور ایسی عورت بدکاری کرنے والوں کے ذیل میں شمار ہو گی۔

۲۔ اگر ایسی کسی نیت کے بغیر کوئی عورت خوشبو لگا کر باہر نکلتی ہے تو یہ بھی ممنوع ہے، البتہ یہ عورت بدکاری کرنے والوں کے ذیل میں شمار نہیں ہو گی۔ اس مناہی کی نوعیت ویسی ہے جیسی کہ غیر محرموں کی موجودگی میں گھر کی خواتین کو چلتے ہوئے پازیب کی جھنکار پیدا کرنے سے منع فرمایا گیا ہے:

ارشاد باری ہے:

"اور (عورتیں)۔ اپنے پاؤں زمین پر اس طرح سے مار کر (جھنکار پیدا کرتی ہوئی)۔ نہ چلیں کہ ان کی چھپی ہوئی زینت ظاہر ہو جائے۔"

۳۔ پھیلنے والی خوشبو لگا کر مسجد میں آنے سے بھی منع کیا گیا ہے، کیونکہ ایسی خوشبو خواہی نخواہی لوگوں کی توجہ کھینچ لیتی ہے۔

دیور (اور جیٹھ)۔ کے ساتھ تخلیہ کی مناہی

(٦٥)۔ عَنْ عُقْبَةَ بْنِ عَامِرٍ أَنَّ رَسُولَ اللَّهِ صَلَّى اللَّهُ عَلَيْهِ وَسَلَّمَ قَالَ: إِيَّاكُمْ وَالدُّخُولَ عَلَى النِّسَاءِ فَقَالَ رَجُلٌ مِنَ الْأَنْصَارِ يَا رَسُولَ اللَّهِ أَفَرَأَيْتَ الْحَمْوَ قَالَ: الْحَمْوُ الْمَوْتُ۔ (بخاری، رقم ٥٢٣٢)، (مسلم، رقم ٥٦٧٤)

عقبہ بن عامر رضی اللہ عنہ سے روایت ہے کہ رسول اللہ صلی اللہ علیہ وسلم نے فرمایا: عورتوں کے پاس (تنہائی میں)۔ جانے سے بچو، انصار کے ایک آدمی نے کہا کہ آپ کا دیور (یا جیٹھ)۔ کے بارے میں کیا خیال ہے، آپ نے فرمایا کہ دیور (یا جیٹھ کا تنہائی میں جانا)۔ تو موت (کو دعوت دینا)۔ ہے۔

توضیح:

نامحرم خاتون کے ساتھ تنہائی میں بیٹھنا ممنوع ہے۔ اگر تنہائی میں بیٹھنے والا دیور، جیٹھ یا اس طرح کا کوئی اور قریبی رشتہ دار ہو، تو یہ اور بھی خطرناک بات ہے، کیونکہ اسے اپنی رشتہ داری کی وجہ سے خرابی کے زیادہ مواقع میسر آسکتے ہیں۔

غض بصر کا حکم

(٦٦)۔ عَنْ جَرِيرِ بْنِ عَبْدِ اللَّهِ قَالَ سَأَلْتُ رَسُولَ اللَّهِ صَلَّى اللَّهُ عَلَيْهِ وَسَلَّمَ عَنْ نَظَرِ الْفُجَاءَةِ فَأَمَرَنِى أَنْ أَصْرِفَ بَصَرِى۔ (مسلم، رقم ٥٦٤٤)

"جریر بن عبداللہ رضی اللہ عنہ سے روایت ہے کہ میں نے رسول اللہ صلی اللہ علیہ

وسلم سے (غیر محرم خاتون پر) اچانک پڑ جانے والی نظر کے بارے میں سوال کیا تو آپ

نے مجھے حکم دیا کہ میں اپنی نگاہ پھیر لیا کروں۔"

تو ضیح:

جنس مخالف کی طرف رغبت اور اُس سے تعلق کی خواہش ایک فطری چیز ہے۔

اسلام کے نزدیک اس رغبت و تعلق کے قیام کا ایک ہی راستہ ہے اور وہ نکاح ہے۔ اس

کے سوا دوسری ہر صورت ناجائز ہے۔

چنانچہ اس فطری رغبت کی بنا پر کسی غیر محرم کو دیکھنا بھی ناجائز قرار دیا گیا ہے اور

اگر کسی وقت اچانک نظر پڑ جائے، تو یہ حکم دیا گیا کہ فوراً اپنی نگاہ پھیر لو۔

(۲) تکبر کی مماناہی

ریشم اور آلاتِ موسیقی کی حرمت

(۲۷)۔ عَنْ عَبْدِ الرَّحْمٰنِ بْنِ غَنْمٍ الْأَشْعَرِیِّ قَالَ حَدَّثَنِی أَبُو عَامِرٍ أَوْ أَبُو مَالِكِ الْأَشْعَرِیِّ وَاللّٰهِ مَا كَذَبَنِی سَمِعَ النَّبِیَّ صَلَّی اللّٰهُ عَلَیْهِ وَسَلَّمَ یَقُولُ: لَیَكُونَنَّ مِنْ أُمَّتِی أَقْوَامٌ یَسْتَحِلُّونَ الْحِرَ وَالْحَرِیرَ وَالْخَمْرَ وَالْمَعَازِفَ۔ (بخاری، رقم ۵۵۹۰)

"عبدالرحمٰن بن غنم اشعری کہتے ہیں کہ مجھ سے ابو عامر یا ابو مالک اشعری نے بیان کیا اور خدا کی قسم انھوں نے مجھ سے جھوٹ نہیں کہا کہ انھوں نے کہا کہ انھوں نے نبی صلی اللہ علیہ وسلم کو یہ فرماتے ہوئے سنا ہے کہ میری امت میں (ایک زمانے میں)۔ لازماً ایسے لوگ پیدا ہوں گے جو زنا کرنے، ریشم پہننے، شراب پینے اور گانے بجانے کو (اپنے لیے) حلال ٹھہرالیں گے۔"

توضیح:

اس حدیث میں نبی صلی اللہ علیہ وسلم کی یہ پیش گوئی بیان ہوئی ہے کہ ایک زمانے میں آپ کی امت میں کچھ ایسے لوگ پیدا ہوں گے جو اپنے لیے حرام چیزوں کو حلال ٹھہرالیں گے اور پھر وہ ان میں بہت اطمینان کے ساتھ مشغول ہوں گے۔ ظاہر ہے کہ اطمینان کی اس حالت میں سرکشی اپنی انتہائی صورت اختیار کر لیتی ہے۔ اس حدیث میں جن چیزوں کو حلال ٹھہرانے کا ذکر ہے وہ زنا، ریشم، شراب اور گانا بجانا ہے۔ قرآن و حدیث سے جو حرمت زنا اور شراب کے لیے ثابت ہے، وہ ریشم کے لیے ثابت نہیں کیونکہ اسے عورتوں کے لیے حرام قرار نہیں دیا گیا اور بیماری کی صورت میں اس کا

استعمال بعض صحابہ کرام سے بھی ثابت ہے اور آلات موسیقی کی حرمت قرآن وحدیث سے ثابت ہی نہیں ہے۔ چنانچہ اس حدیث میں انھیں حرام قرار دینے کی اصل وجہ یہ ہے کہ جن حرام چیزوں کے ساتھ ان کا ذکر ہوا ہے، اُن میں ملوث لوگ اِن کا بھی وہ استعمال کرتے تھے جو حرام ہوتا تھا۔ مثلاً شرابی اور زانی لوگوں کا بغیر کسی عذر کے محض نمود و نمائش کے لیے ریشم پہننا اور ایسی موسیقی سننا جو اپنے اندر فحش اور غیر اخلاقی پہلو رکھتی ہو۔ اس صورت میں یہ دونوں چیزیں بھی حرام ہو جاتی ہیں۔"

مقدر آزمائش

(٦٨)۔ عَنْ أَبِی هُرَيْرَةَ عَنْ النَّبِیّ صَلَّی اللَّهُ عَلَيْهِ وَسَلَّمَ: إِنَّ اللَّهَ كَتَبَ عَلَى ابْنِ آدَمَ حَظَّهُ مِنْ الزِّنَا أَدْرَكَ ذَلِكَ لَا مَحَالَةَ فَزِنَا الْعَيْنِ النَّظَرُ وَزِنَا اللِّسَانِ الْمَنْطِقُ وَالنَّفْسُ تَمَنَّى وَتَشْتَهِی وَالْفَرْجُ يُصَدِّقُ ذَلِكَ كُلَّهُ وَيُكَذِّبُهُ۔ (بخاری، رقم ٦٢٤٣)

"ابو ہریرہ رضی اللہ عنہ روایت کرتے ہیں کہ نبی صلی اللہ علیہ وسلم نے فرمایا: اللہ تعالیٰ نے ہر آدمی (کی آزمائش)۔ کے لیے زنا میں سے اُس کا حصہ طے کر دیا ہے، جس سے وہ (اضطراراً یا ارادۃً)۔ لازماً دوچار ہوتا ہے۔ یہی وجہ ہے کہ دیدہ بازی آنکھوں کی زنا ہے اور لگاوٹ کی بات چیت زبان کی زنا ہے۔ پھر دل و دماغ خواہش کرتے ہیں اور شرم گاہ کبھی اس سب کی تصدیق کرتی اور کبھی اسے جھٹلا دیتی ہے۔"

(٦٩)۔ عَنْ أَبِی هُرَيْرَةَ عَنْ النَّبِیّ صَلَّی اللَّهُ عَلَيْهِ وَسَلَّمَ قَالَ: كُتِبَ عَلَى ابْنِ آدَمَ نَصِيبُهُ مِنْ الزِّنَا مُدْرِكٌ ذَلِكَ لَا مَحَالَةَ فَالْعَيْنَانِ زِنَاهُمَا النَّظَرُ وَالْأُذُنَانِ زِنَاهُمَا الِاسْتِمَاعُ وَاللِّسَانُ زِنَاهُ الْكَلَامُ وَالْيَدُ زِنَاهَا الْبَطْشُ وَالرِّجْلُ زِنَاهَا الْخُطَا وَالْقَلْبُ يَهْوَى وَيَتَمَنَّى وَيُصَدِّقُ ذَلِكَ الْفَرْجُ وَيُكَذِّبُهُ۔ (مسلم، رقم ٦٧٥٤)

"ابو ہریرہ رضی اللہ عنہ روایت کرتے ہیں کہ نبی صلی اللہ علیہ وسلم نے فرمایا: اللہ تعالیٰ نے ہر آدمی (کی آزمائش)۔ کے لیے زنا میں اُس کا حصہ طے کر دیا ہے۔ جس سے وہ (اضطراراً یا ارادۃً)۔ لازماً دوچار ہوتا ہے۔ چنانچہ دیدہ بازی آنکھوں کی زنا ہے، لگاوٹ کی

بات چیت سے لذت لینا کانوں کی زنا ہے، اِس طرح کی باتیں کرنا زبان کی زنا ہے، ہاتھ لگانا اور اِس کے لیے چلنا ہاتھ پاؤں کی زنا ہے۔ پھر دل و دماغ خواہش کرتے ہیں اور شرم گاہ کبھی اُس کی تصدیق کرتی اور کبھی جھٹلا دیتی ہے۔"

توضیح:

خدا نے انسان میں جہاں اور بہت سے داعیات رکھے ہیں وہاں اُس کے اندر جنس کا ایک مضبوط داعیہ بھی رکھا ہے۔ اللہ تعالیٰ نے اس داعیے کو اُس کے لیے ایسی مستقل آزمائش بنا دیا ہے کہ اس میں مکمل طور پر پاک رہنا ممکن نہیں۔ اسی بات کو آپ نے اس حدیث میں اِن الفاظ سے بیان فرمایا کہ اللہ تعالیٰ نے ہر آدمی کی آزمائش کے لیے زنا میں سے اُس کا حصہ طے کر رکھا ہے، جس سے وہ ارادۃً یا اضطراراً دوچار ہو کے رہتا ہے۔

اِس کی وضاحت یہ ہے کہ غیر محرم کو دیکھنا، اس سے لگاوٹ کی بات چیت کرنا اور سننا، اُسے ہاتھ لگانا اور اُس کی طرف چل کر جانا یہ سب اپنے اپنے درجے میں زنا ہی کے زُمرے میں شمار ہوتے ہیں، اگر آدمی ان سے پیچھے ہٹ جاتا اور توبہ کر لیتا ہے تو گویا اُس کی شرم گاہ نے ان کی تکذیب کر دی اور انھیں بطور مقدمات زنا قبول کرنے سے انکار کر دیا، اس صورت میں آدمی گناہ سے بچ جاتا ہے اور اگر وہ ان میں آگے بڑھتے بڑھتے زنا میں ملوث ہو جاتا ہے تو گویا اس کی شرم گاہ نے ان کی تصدیق کر دی یعنی انھیں بطور مقدمات زنا قبول کر لیا، چنانچہ اس صورت میں آدمی گناہ گار ہو جاتا ہے۔

متکبر کی جنت سے محرومی

(۷۰)۔ عَنْ عَبْدِ اللّٰهِ بْنِ مَسْعُودٍ عَنِ النَّبِيِّ صَلَّى اللّٰهُ عَلَيْهِ وَسَلَّمَ قَالَ: لَا يَدْخُلُ الْجَنَّةَ مَنْ كَانَ فِي قَلْبِهِ مِثْقَالُ ذَرَّةٍ مِنْ كِبْرٍ قَالَ رَجُلٌ إِنَّ الرَّجُلَ يُحِبُّ أَنْ يَكُونَ ثَوْبُهُ حَسَنًا وَنَعْلُهُ حَسَنَةً قَالَ: إِنَّ اللّٰهَ جَمِيلٌ يُحِبُّ الْجَمَالَ الْكِبْرُ بَطَرُ الْحَقِّ وَغَمْطُ النَّاسِ۔ (مسلم، رقم ۲۶۵)

"عبداللہ بن مسعود رضی اللہ عنہ نبی صلی اللہ علیہ وسلم سے روایت کرتے ہیں کہ آپ نے فرمایا: جس کے دل میں رائی کے ایک دانے کے برابر بھی غرور ہو، وہ جنت میں داخل نہیں ہو سکتا۔ ایک آدمی نے کہا کہ آدمی کو یہ پسند ہوتا ہے کہ اُس کا لباس عمدہ ہو اور اُس کا جوتا عمدہ ہو (کیا یہ سب غلط ہے؟) آپ نے فرمایا: اللہ تعالیٰ خود بھی خوبصورت ہے اور وہ خوبصورتی کو پسند کرتا ہے۔ تکبر تو حق کو ٹھکرا دینا اور لوگوں کو حقیر جاننا ہے۔"

(۷۱)۔ عَنْ عَبْدِ اللّٰهِ قَالَ قَالَ رَسُولُ اللّٰهِ صَلَّى اللّٰهُ عَلَيْهِ وَسَلَّمَ: لَا يَدْخُلُ النَّارَ أَحَدٌ فِي قَلْبِهِ مِثْقَالُ حَبَّةِ خَرْدَلٍ مِنْ إِيمَانٍ وَلَا يَدْخُلُ الْجَنَّةَ أَحَدٌ فِي قَلْبِهِ مِثْقَالُ حَبَّةِ خَرْدَلٍ مِنْ كِبْرِيَاءَ۔ (مسلم، رقم ۲۶۶)

"عبداللہ بن مسعود سے روایت ہے کہ نبی صلی اللہ علیہ وسلم نے فرمایا: جس کے دل میں رائی کے ایک دانے کے برابر بھی ایمان ہو گا وہ (ہمیشہ کے لیے)۔ دوزخ میں داخل نہیں ہو سکتا اور جس کے دل میں رائی کے ایک دانے کے برابر بھی تکبر ہو گا، وہ جنت میں داخل نہیں ہو سکتا۔

توضیح:

تکبر کا اظہار دو طریقوں سے ہوتا ہے ایک یہ کہ انسان دوسروں کو اپنے سے حقیر جانے اور دوسرا یہ کہ وہ حق کو محض حق ہونے کی بنا پر قبول نہ کرے۔

یہ دونوں رویے اس بات کی دلیل ہیں کہ یہ شخص اپنے دل میں نہ خدا کی عظمت کا کوئی تصور رکھتا ہے اور نہ خدا کی بندگی کا کوئی شعور ہی اس میں پایا جاتا ہے۔ ورنہ جس دل میں خدا کی عظمت کا تصور اور اُس کی بندگی کا شعور موجود ہو، اُس پر تواضع اور فروتنی کی حالت طاری رہتی ہے۔ ایسا شخص خدا ہی کے بنائے ہوئے دوسرے انسانوں کو کبھی اپنے مقابل میں حقیر نہیں سمجھ سکتا اور نہ وہ کبھی کسی سچائی اور حق کو تسلیم کرنے سے اعراض کر سکتا ہے، کیونکہ خدا سب سے بڑا حق ہے، اسے سچے دل سے ماننے والا انسان ہر حق کو

فوراً قبول کرتا ہے۔

تکبر در حقیقت خدا پر حقیقی ایمان ہی کی نفی ہے۔ یہی وجہ ہے کہ آپ نے فرمایا، جس شخص کے دل میں ذرہ بھر غرور ہو گا، وہ جنت میں داخل نہیں ہو سکتا اور جس کے دل میں ذرہ بھر ایمان ہو گا وہ (ہمیشہ کے لیے)۔ دوزخ میں نہیں جائے گا۔

عزت اور بزرگی کا حقیقی مالک

(۷۲)۔ عَنْ أَبِي سَعِيدٍ الْخُدْرِيِّ وَأَبِي هُرَيْرَةَ قَالَا قَالَ رَسُولُ اللَّهِ صَلَّى اللَّهُ عَلَيْهِ وَسَلَّمَ: الْعِزُّ إِزَارُهُ وَالْكِبْرِيَاءُ رِدَاؤُهُ فَمَنْ يُنَازِعُنِي عَذَّبْتُهُ۔ (مسلم، رقم ۶۶۸۰)

"ابو سعید خدری اور ابو ہریرہ رضی اللہ عنہما سے روایت ہے کہ رسول اللہ صلی اللہ علیہ وسلم نے فرمایا: عزت اللہ کی ازار اور بزرگی اُس کی ردا ہے، چنانچہ (وہ فرماتا ہے کہ)۔ جو اِن میں میرا مقابلہ کرے گا، میں اُسے عذاب دوں گا۔"

توضیح:

حقیقی عزت، بزرگی، بڑائی اور عظمت صرف اور صرف خدا کے لیے ہے، وہی ان کا اصل حق دار اور مالک ہے۔ اس کے علاوہ جس کسی کو بھی کچھ عزت اور بڑائی حاصل ہے اُس کی عطا کردہ ہے۔ لہذا جو شخص خدا کے مقابل میں عزت دار بنتا اور بزرگی کو اپنا حق سمجھتا ہے، وہ اپنے اس رویے سے گویا خدا کی ملکیت کو اُس سے چھینتا ہے۔ چنانچہ فرمایا کہ اللہ ایسے شخص کو عذاب دے گا۔

اظہارِ تکبر کی مناہی

(۷۳)۔ عَنْ ابْنِ أَبِي لَيْلَى قَالَ خَرَجْنَا مَعَ حُذَيْفَةَ وَذَكَرَ النَّبِيَّ صَلَّى اللَّهُ عَلَيْهِ وَسَلَّمَ قَالَ: لَا تَشْرَبُوا فِي آنِيَةِ الذَّهَبِ وَالْفِضَّةِ وَلَا تَلْبَسُوا الْحَرِيرَ وَالدِّيبَاجَ فَإِنَّهَا لَهُمْ فِي الدُّنْيَا وَلَكُمْ فِي الْآخِرَةِ۔ (بخاری، رقم ۵۶۳۳)

"ابن ابی لیلی سے روایت ہے کہ ہم حذیفہ کے ساتھ نکلے، تو انھوں نے نبی صلی اللہ

علیہ وسلم کا ذکر کیا اور یہ بتایا کہ آپ نے فرمایا ہے: سونے اور چاندی کے برتن میں نہ پیا کرو اور ریشم و دیبا نہ پہنا کرو، کیونکہ یہ چیزیں اُن (کفار)۔ کے لیے دنیا میں ہیں اور تمھارے لیے آخرت میں ہوں گی۔"

(٧٤)۔ عَنْ حُذَيْفَةَ رَضِىَ اللَّهُ عَنْهُ قَالَ نَهَانَا النَّبِيُّ صَلَّى اللَّهُ عَلَيْهِ وَسَلَّمَ أَنْ نَشْرَبَ فِى آنِيَةِ الذَّهَبِ وَالْفِضَّةِ وَأَنْ نَأْكُلَ فِيهَا وَعَنْ لُبْسِ الْحَرِيرِ وَالدِّيبَاجِ وَأَنْ نَجْلِسَ عَلَيْهِ۔ (بخاری، رقم ٥٨٣٧)

"حذیفہ رضی اللہ عنہ روایت کرتے ہیں کہ نبی صلی اللہ علیہ وسلم نے ہمیں سونے اور چاندی کے برتنوں میں کھانے پینے سے روکا ہے اور آپ نے ہمیں ریشم اور دیباج کے کپڑے پہننے اور ان (کی بنی ہوئی گدیوں وغیرہ)۔ پر بیٹھنے سے بھی روکا ہے۔"

(٧٥)۔ عَنْ أُمِّ سَلَمَةَ قَالَتْ قَالَ رَسُولُ اللَّهِ صَلَّى اللَّهُ عَلَيْهِ وَسَلَّمَ: مَنْ شَرِبَ فِى إِنَاءٍ مِنْ ذَهَبٍ أَوْ فِضَّةٍ فَإِنَّمَا يُجَرْجِرُ فِى بَطْنِهِ نَارًا مِنْ جَهَنَّمَ۔ (مسلم، رقم ٥٣٨٧)

"ام سلمہ رضی اللہ عنہا سے روایت ہے کہ رسول اللہ صلی اللہ علیہ وسلم نے فرمایا: جو شخص سونے یا چاندی کے برتنوں میں پیتا ہے، وہ تو بس جہنم کی آگ کو اپنے پیٹ میں غٹ غٹ اتار رہا ہے۔"

توضیح:

نبی صلی اللہ علیہ وسلم نے ایسی تمام چیزوں کے استعمال سے منع کیا ہے جن سے امارت کی نمائش ہوتی ہو یا وہ بڑائی مارنے، شیخی بگھارنے اور دوسروں پر رعب جمانے کا ذریعہ بنتی ہوں۔ چنانچہ آپ نے سونے اور چاندی کے قیمتی برتنوں میں کھانے سے منع فرمایا ہے اور یہ بتایا ہے کہ جو شخص ان برتنوں میں کھاتا پیتا ہے وہ اپنے پیٹ میں دوزخ کی آگ بھرتا ہے۔ نیز آپ نے یہ بتایا کہ یہ برتن دنیا میں کفار کے لیے ہیں، لیکن آخرت میں یہ مومنین کے لیے ہوں گے۔

اخلاقِ نبویؐ (مضامین) 55 محمد رفیع مفتی

اعمالِ تواضع کا حکم اور اعمالِ تکبر کی مناہی

(٧٦)۔ عَنْ الْبَرَاءِ بْنِ عَازِبٍ قَالَ أَمَرَنَا رَسُولُ اللَّهِ صَلَّى اللَّهُ عَلَيْهِ وَسَلَّمَ بِسَبْعٍ وَنَهَانَا عَنْ سَبْعٍ: أَمَرَنَا بِعِيَادَةِ الْمَرِيضِ وَاتِّبَاعِ الْجِنَازَةِ وَتَشْمِيتِ الْعَاطِسِ وَإِجَابَةِ الدَّاعِي وَإِفْشَاءِ السَّلَامِ وَنَصْرِ الْمَظْلُومِ وَإِبْرَارِ الْمُقْسِمِ وَنَهَانَا عَنْ خَوَاتِيمِ الذَّهَبِ وَعَنْ الشُّرْبِ فِي الْفِضَّةِ - أَوْ قَالَ آنِيَةِ الْفِضَّةِ - وَعَنْ الْمَيَاثِرِ وَالْقَسِّيِّ وَعَنْ لُبْسِ الْحَرِيرِ وَالدِّيبَاجِ وَالْإِسْتَبْرَقِ۔ (بخاری، رقم ٥٦٣٥)

"براء بن عازب رضی اللہ عنہ روایت کرتے ہیں کہ رسول اللہ صلی اللہ علیہ وسلم نے ہمیں سات چیزوں کا حکم دیا ہے اور سات چیزوں سے روکا ہے۔ آپ نے ہمیں بیمار کی عیادت کرنے، جنازے میں شامل ہونے، چھینک کے جواب میں یرحمک اللہ کہنے، دعوت دینے والے کی دعوت قبول کرنے، سلام کو پھیلانے، مظلوم کی مدد کرنے اور قسم کھانے والے کو قسم پورا کرنے کا حکم دیا ہے اور آپ نے ہمیں سونے کی انگوٹھیاں پہننے سے، چاندی میں پینے یا (فرمایا)۔ چاندی کے برتنوں میں پینے سے، (زین یا کجاوے پر)۔ ریشم کا گدا استعمال کرنے سے، وہ مصری کپڑا استعمال کرنے سے جس میں ریشم کے دھاگے بھی ہوتے ہیں اور ریشم و دیبا اور استبرق کے لباس پہننے سے منع فرمایا ہے۔"

(٧٧)۔ عَنْ مُعَاوِيَةَ بْنِ سُوَيْدِ بْنِ مُقَرِّنٍ قَالَ دَخَلْتُ عَلَى الْبَرَاءِ بْنِ عَازِبٍ فَسَمِعْتُهُ يَقُولُ أَمَرَنَا رَسُولُ اللَّهِ صَلَّى اللَّهُ عَلَيْهِ وَسَلَّمَ بِسَبْعٍ وَنَهَانَا عَنْ سَبْعٍ: أَمَرَنَا بِعِيَادَةِ الْمَرِيضِ وَاتِّبَاعِ الْجَنَازَةِ وَتَشْمِيتِ الْعَاطِسِ وَإِبْرَارِ الْقَسَمِ أَوْ الْمُقْسِمِ وَنَصْرِ الْمَظْلُومِ وَإِجَابَةِ الدَّاعِي وَإِفْشَاءِ السَّلَامِ وَنَهَانَا عَنْ خَوَاتِيمَ - أَوْ عَنْ تَخَتُّمٍ بِالذَّهَبِ - وَعَنْ شُرْبٍ بِالْفِضَّةِ وَعَنْ الْمَيَاثِرِ وَعَنْ الْقَسِّيِّ وَعَنْ لُبْسِ الْحَرِيرِ وَالْإِسْتَبْرَقِ وَالدِّيبَاجِ - عَنْ أَشْعَثَ بْنِ أَبِي الشَّعْثَاءِ - وَعَنْ الشُّرْبِ فِي الْفِضَّةِ فَإِنَّهُ مَنْ شَرِبَ فِيهَا فِي الدُّنْيَا لَمْ يَشْرَبْ فِيهَا فِي الْآخِرَةِ۔ (مسلم، رقم ٥٣٨٨، ٥٣٩٠)

"معاویہ بن سوید بن مقرن سے روایت ہے کہ میں براء بن عازب کے پاس آیا تو میں نے آپ کو یہ کہتے ہوئے سنا کہ رسول اللہ صلی اللہ علیہ وسلم نے ہمیں سات چیزوں کا

حکم دیا ہے اور سات چیزوں سے روکا ہے۔ آپ نے ہمیں بیمار کی عیادت کرنے، جنازے میں شامل ہونے، چھینک کے جواب میں یرحمک اللہ کہنے، قسم کو پورا کرنے، مظلوم کی مدد کرنے، دعوت دینے والے کی دعوت قبول کرنے اور سلام کو پھیلانے کا حکم دیا ہے اور آپ نے ہمیں سونے کی انگوٹھیاں پہننے سے، چاندی (کے برتنوں)۔ میں پینے سے، (زین یا کجاوے پر)۔ ریشم کا گدا استعمال کرنے سے، وہ مصری کپڑا استعمال کرنے سے جس میں ریشم کے دھاگے بھی ہوتے ہیں اور ریشم و دیبا اور استبرق کے لباس پہننے سے منع فرمایا ہے۔---اس روایت میں اشعث بن ابی شعثا راوی سے یہ اضافہ منقول ہے کہ آپ نے چاندی کے برتنوں میں پینے سے روکا ہے، کیونکہ جو شخص دنیا میں ان میں پیئے گا وہ آخرت میں اِن میں پینے سے محروم رہے گا۔"

توضیح:

یہ حدیث ہمیں بتاتی ہے کہ نبی صلی اللہ علیہ وسلم نے اپنی امت کو وہ سات اعمال صالحہ بجالانے کا حکم دیا جو تواضع کا اظہار ہیں اور ان سات اعمال سے منع فرمایا جو تکبر کا اظہار ہیں۔

وہ اعمال جنھیں بجالانے کا آپ نے حکم دیا، وہ درج ذیل ہیں:

۱۔ بیمار کی عیادت کرنا

۲۔ جنازے میں شامل ہونا

۳۔ چھینک کے جواب میں یرحمک اللہ کہنا،

۴۔ دعوت دینے والے کی دعوت قبول کرنا

۵۔ سلام کو پھیلانا

۶۔ مظلوم کی مدد کرنا

۷۔ اپنی قسم کو پورا کرنا

وہ اعمال جن سے آپ نے روکا:

۱۔ سونے کی انگوٹھیاں پہننا

۲۔ چاندی کے برتنوں میں پینا

۳۔ ریشم کا گدا استعمال کرنا

۴۔ ریشم کے دھاگوں والا کپڑا استعمال کرنا

۵۔ ریشم کا لباس پہننا

۶۔ دیبا کا لباس پہننا

۷۔ استبرق کا لباس پہننا

نیز آپ نے ہمیں یہ بتایا کہ جو شخص دنیا میں سونے اور چاندی کے برتنوں میں پیئے گا وہ آخرت میں ان میں پینے سے محروم رہے گا۔

متکبرانہ وضع قطع کی مناہی

(۷۸)۔ عَنْ ابْنِ عُمَرَ عَنْ النَّبِيِّ صَلَّى اللَّهُ عَلَيْهِ وَسَلَّمَ قَالَ: خَالِفُوا الْمُشْرِكِينَ وَفِّرُوا اللِّحَى وَأَحْفُوا الشَّوَارِبَ وَكَانَ ابْنُ عُمَرَ إِذَا حَجَّ أَوْ اعْتَمَرَ قَبَضَ عَلَى لِحْيَتِهِ فَمَا فَضَلَ أَخَذَهُ۔ (بخاری، رقم ۵۸۹۲)

"ابن عمر رضی اللہ عنہما نبی صلی اللہ علیہ وسلم سے روایت کرتے ہیں کہ آپ نے فرمایا: مشرکین کی مخالفت کرو، ڈاڑھیاں بڑھاؤ اور مونچھیں کترواؤ۔ عبد اللہ بن عمر رضی اللہ عنہما جب حج یا عمرہ کرتے تو اس موقع پر ڈاڑھی کو مٹھی میں پکڑ کر اضافی بال کاٹ دیتے تھے۔"

توضیح:

آپ صلی اللہ علیہ وسلم نے دیکھا کہ مشرکین اپنی مونچھیں بڑھا اور ڈاڑھی منڈھا کر

بڑی متکبرانہ شکل بنایا کرتے ہیں، تو آپ نے مسلمانوں سے فرمایا کہ تم اپنے چہرے کی وضع قطع میں ان مشرکین کی مخالفت کرو، اپنی مونچھیں چھوٹی اور ڈاڑھی بڑی رکھو، کیونکہ یہ ڈاڑھی اور مونچھیں رکھنے کی متواضع صورت ہے۔

متکبرانہ لباس پہننے پر عذاب

(۷۹)۔ عَنْ عَبْدِ اللّٰهِ بْنِ عُمَرَ قَالَ قَالَ رَسُولُ اللّٰهِ: مَنْ لَبِسَ ثَوْبَ شُهْرَةٍ فِی الدُّنْيَا أَلْبَسَهُ اللّٰهُ ثَوْبَ مَذَلَّةٍ يَوْمَ الْقِيَامَةِ ثُمَّ أَلْهَبَ فِيهِ نَارًا۔ (ابن ماجه، رقم ۳۶۰۷)

"عبد اللہ بن عمر رضی اللہ عنہما سے روایت ہے کہ رسول اللہ صلی اللہ علیہ وسلم نے فرمایا: جس نے دنیا میں اپنی بڑائی ظاہر کرنے کے لیے کوئی لباس پہنا، اللہ تعالیٰ قیامت کے دن اسے ذلت کا لباس پہنائے گا اور پھر اُس میں آگ بھڑکا دی جائے گی۔"

توضیح:

تکبر اپنی حقیقت میں بندگی کی نفی ہے۔ اِس کا اظہار خواہ کسی صورت میں بھی ہو، خدا کو سخت ناپسندیدہ ہے۔ انسان خدا کا بندہ ہے، اس کے لیے یہی زیبا ہے کہ وہ اُس کی زمین پر اُس کا بندہ بن کر جیئے۔

اظہارِ تکبر کی ایک شکل یہ بھی ہوتی ہے کہ انسان فاخرانہ لباس کے ذریعے سے دوسروں پر اپنی بڑائی ظاہر کرتا ہے۔ اس حدیث میں ہمیں یہ بتایا گیا ہے کہ دنیا میں جو شخص دوسروں پر اپنی بڑائی ظاہر کرنے کے لیے اس طرح کا کوئی فاخرانہ لباس پہنے گا تو اللہ تعالیٰ قیامت کے دن اسے ایسا لباس پہنائے گا جو دوسروں کی نگاہ میں اُس کی ذلت کا باعث ہو گا اور پھر اُس لباس کے اندر آگ بھڑکا دی جائے گی تاکہ وہ اپنے جرم کا پورا پورا بدلہ پائے۔

ازار لٹکانے کی مناہی

(۸۰)۔ عَنْ اِبْنِ عُمَرَ رَضِيَ اللّٰهُ عَنْهُمَا أَنَّ رَسُولَ اللّٰهِ صَلَّى اللّٰهُ عَلَيْهِ وَسَلَّمَ قَالَ: لَا يَنْظُرُ اللّٰهُ إِلَى مَنْ جَرَّ ثَوْبَهُ خُيَلَاءَ۔ (بخاری، رقم ۵۷۸۳)

"ابن عمر رضی اللہ عنہما سے روایت ہے کہ رسول اللہ صلی اللہ علیہ وسلم نے فرمایا: اللہ اُس شخص کو دیکھنا بھی پسند نہیں کرے گا جو غرور سے اپنا تہ بند گھسیٹتے ہوئے چلتا ہو۔"

(۸۱)۔ عَنْ عَبْدِ اللّٰهِ بْنِ عُمَرَ أَنَّ رَسُولَ اللّٰهِ صَلَّى اللّٰهُ عَلَيْهِ وَسَلَّمَ قَالَ: إِنَّ الَّذِي يَجُرُّ ثِيَابَهُ مِنَ الْخُيَلَاءِ لَا يَنْظُرُ اللّٰهُ إِلَيْهِ يَوْمَ الْقِيَامَةِ۔ (مسلم، رقم ۵۴۵۵)

"ابن عمر رضی اللہ عنہما سے روایت ہے کہ رسول اللہ صلی اللہ علیہ وسلم نے فرمایا: جو شخص غرور سے اپنا تہ بند گھسیٹتے ہوئے چلتا ہو اللہ تعالیٰ قیامت کے دن اس کی طرف دیکھے گا بھی نہیں۔"

(۸۲)۔ عَنْ عَبْدِ اللّٰهِ بْنِ عُمَرَ رَضِيَ اللّٰهُ عَنْهُمَا قَالَ قَالَ رَسُولُ اللّٰهِ صَلَّى اللّٰهُ عَلَيْهِ وَسَلَّمَ: مَنْ جَرَّ ثَوْبَهُ خُيَلَاءَ لَمْ يَنْظُرْ اللّٰهُ إِلَيْهِ يَوْمَ الْقِيَامَةِ فَقَالَ أَبُو بَكْرٍ إِنَّ أَحَدَ شِقَّيْ ثَوْبِي يَسْتَرْخِي إِلَّا أَنْ أَتَعَاهَدَ ذٰلِكَ مِنْهُ فَقَالَ رَسُولُ اللّٰهِ صَلَّى اللّٰهُ عَلَيْهِ وَسَلَّمَ: إِنَّكَ لَسْتَ تَصْنَعُ ذٰلِكَ خُيَلَاءَ۔ (بخاری، رقم ۳۶۶۵)

"عبداللہ ابن عمر رضی اللہ عنہما سے روایت ہے کہ رسول اللہ صلی اللہ علیہ وسلم نے فرمایا: جو شخص تکبر سے اپنا کپڑا زمین پر گھسیٹ کر چلے گا، اللہ تعالیٰ قیامت کے دن اُس کی طرف دیکھے گا بھی نہیں۔ ابو بکر رضی اللہ عنہ نے کہا کہ میرے کپڑے کی ایک طرف لٹک جایا کرتی ہے سوائے اس کے کہ میں ہر وقت اُس کا دھیان رکھوں۔ آپ نے فرمایا: تم تکبر کی وجہ سے تھوڑا ہی یہ کرتے ہو۔

توضیح:

تکبر کے اظہار کی ایک صورت یہ ہوتی ہے کہ انسان اپنے لباس یا اپنے ازار کو زمین پر گھسیٹتے ہوئے چلتا ہے۔ اس حدیث میں ہمیں یہ بتایا گیا ہے کہ جو شخص اظہارِ

تکبر کے لیے ایسا کرے گا، قیامت کے دن اللہ تعالیٰ اس سے اتنا ناراض ہو گا کہ وہ اس کی طرف دیکھنا بھی پسند نہیں کرے گا، حالانکہ اس دن ہر شخص خدا کی نظر کرم کا انتہائی محتاج ہو گا۔

(۷) حقیقتِ ایمان

حقیقتِ ایمان

(۸۳)۔ عَنْ الْعَبَّاسِ بْنِ عَبْدِ الْمُطَّلِبِ أَنَّهُ سَمِعَ رَسُولَ اللَّهِ صَلَّى اللَّهُ عَلَيْهِ وَسَلَّمَ يَقُولُ: ذَاقَ طَعْمَ الْإِيمَانِ مَنْ رَضِيَ بِاللَّهِ رَبًّا وَبِالْإِسْلَامِ دِينًا وَبِمُحَمَّدٍ رَسُولًا۔ (مسلم، رقم ۱۵۱)

"عباس بن عبد المطلب رضی اللہ عنہ سے روایت ہے کہ انھوں نے نبی صلی اللہ علیہ وسلم کو یہ فرماتے ہوئے سنا کہ اُس شخص نے ایمان کا ذائقہ چکھ لیا جو خدا کے رب ہونے، اسلام کے دین ہونے اور محمد صلی اللہ علیہ وسلم کے رسول ہونے پر راضی ہو گیا۔"

توضیح:

حق فطری اور طبعی طور پر انسان کو محبوب ہے، وہ ہمیشہ اسے رغبت کے ساتھ قبول کرتا ہے۔ جو حقائق ہمیں آنکھوں سے دکھائی اور کانوں سے سنائی دیتے ہیں، انھیں ماننے اور قبول کرنے میں کوئی بھی دوسرے سے پیچھے رہنا پسند نہیں کرتا۔

ایمان کیا ہے؟ بن دیکھے حقائق کو وجدان اور عقل و فطرت کی گواہی پر ماننا۔ اگر انسان مفاد یا عناد کی کسی دلدل میں نہ پھنسا ہو تو پھر وہ ان بن دیکھے حقائق کو بھی دیکھے ہوئے حقائق کی طرح قبول کرتا اور مانتا ہے۔ یہی چیز اُس کا ایمان لانا ہے۔

اس ایمان کا ذائقہ یقیناً وہی شخص چکھ سکتا ہے جو دل کی پوری رضامندی سے ان حقائق کو قبول کرے اور مانے گا۔ خدا کا رب ہونا، اسلام کا دین ہونا اور محمد صلی اللہ علیہ وسلم کا رسول ہونا، یہ سب بن دیکھے حقائق ہیں، چنانچہ جو شخص انھیں دل کی پوری رضا مندی سے مانے گا، اسی کو حقیقت ایمان میسر آئے گی اور وہی ایمان کا ذائقہ چکھے گا۔

حلاوت ایمان

(٨٤)۔ عَنْ أَنَسِ بْنِ مَالِكٍ رَضِيَ اللَّهُ عَنْهُ عَنِ النَّبِيِّ صَلَّى اللَّهُ عَلَيْهِ وَسَلَّمَ قَالَ: ثَلَاثٌ مَنْ كُنَّ فِيهِ وَجَدَ حَلَاوَةَ الْإِيمَانِ أَنْ يَكُونَ اللَّهُ وَرَسُولُهُ أَحَبَّ إِلَيْهِ مِمَّا سِوَاهُمَا وَأَنْ يُحِبَّ الْمَرْءَ لَا يُحِبُّهُ إِلَّا لِلَّهِ وَأَنْ يَكْرَهَ أَنْ يَعُودَ فِي الْكُفْرِ كَمَا يَكْرَهُ أَنْ يُقْذَفَ فِي النَّارِ۔ (بخاری، رقم ١٦)

"انس بن مالک رضی اللہ عنہ سے روایت ہے کہ نبی صلی اللہ علیہ وسلم نے فرمایا: جس میں یہ تین خوبیاں موجود ہوں گی وہ ایمان کی حلاوت پالے گا، پہلی یہ کہ اُسے اللہ اور اُس کا رسول اپنے ماسوا سے زیادہ محبوب ہوں، دوسری یہ کہ وہ لوگوں سے صرف اللہ ہی کے لیے محبت رکھے اور تیسری یہ کہ وہ کفر کی طرف لوٹ جانے کو ایسا برا جانے کہ جیسا کہ وہ آگ میں ڈالے جانے کو برا جانتا ہے۔"

توضیح:

ایمان بن دیکھے حقائق کو صدق دل سے ماننے کا نام ہے۔ انسان کی عقل اور دل دونوں حق کو محبوب رکھتے ہیں۔ چنانچہ قبولیتِ حق اپنے اندر ایک زبردست حلاوت اور مٹھاس رکھتی ہے۔ فرمایا کہ یہ حلاوت ایمان اس شخص کو میسر آسکتی ہے:

١۔ جسے خدا اور اُس کا رسول اپنے سوا ہر چیز سے زیادہ محبوب ہوں، یعنی وہ ہر چیز کو خدا اور رسول کی خاطر چھوڑ سکتا اور قربان کر سکتا ہو۔

٢۔ جو اگر کسی سے محبت بھی کرے تو اللہ ہی کی خاطر کرے۔ یعنی اس کے بہترین جذبات پر خدا کی پسند و ناپسند ہی کا راج ہو۔

٣۔ جو اپنے کفر کی طرف لوٹنے کو اتنا برا سمجھے جتنا وہ اپنے وجود کے آگ میں ڈالے جانے کو ناگوار جانتا ہے۔ یعنی اسے اپنا ایمان انتہائی درجے میں عزیز ہو۔

معیارِ ایمان

(۸۵)۔ عَنْ أَنَسٍ قَالَ قَالَ النَّبِیُّ صَلَّی اللَّهُ عَلَيْهِ وَسَلَّمَ: لَا يُؤْمِنُ أَحَدُكُمْ حَتَّى أَكُونَ أَحَبَّ إِلَيْهِ مِنْ وَالِدِهِ وَوَلَدِهِ وَالنَّاسِ أَجْمَعِينَ۔ (بخاری، رقم ۱۵)، (مسلم، رقم ۱۶۹)

"انس رضی اللہ عنہ سے روایت ہے کہ نبی صلی اللہ علیہ وسلم نے فرمایا: کوئی شخص اُس وقت تک (حقیقی)۔ مومن نہیں ہو سکتا، جب تک میں اُسے اُس کے والدین، اُس کی اولاد اور (اس سے متعلق)۔ سب لوگوں سے زیادہ محبوب نہ ہو جاؤں۔"

توضیح:

انبیا انسانوں کے لیے خدا کی رحمت کا ظہور ہوتے ہیں۔ وہ لوگوں کو اللہ کی ناراضی سے بچانے اور اس کی خوشنودی کی راہ پر لے جانے کے لیے بلاتے ہیں، تاکہ وہ خدا کے ہاں ابدی کامیابی حاصل کریں۔ چنانچہ یہ حقیقت ہے کہ وہ اپنی ذات میں انسانوں کے انتہائی خیر خواہ ہوتے ہیں۔

قرآن میں نبی صلی اللہ علیہ وسلم کے حوالے سے ارشاد باری ہے:

لَقَدْ جَاءَ كُمْ رَسُولٌ مِّنْ أَنفُسِكُمْ عَزِيزٌ عَلَيْهِ مَا عَنِتُّمْ حَرِيصٌ عَلَيْكُم بِالْمُؤْمِنِينَ رَؤُوفٌ رَّحِيمٌ۔ (التوبة ۹:۱۲۸)

"تمھارے پاس تم ہی میں سے ایک رسول آچکا ہے، جس پر تمھارا ہلاکت میں پڑنا بہت شاق ہے، وہ تمھارے ایمان کا حریص ہے اور اہل ایمان کے لیے وہ سراپا شفقت و رحمت ہے۔"

اور پھر مومنوں پر اس رسول کا حق بیان کرتے ہوئے فرمایا:

النَّبِيُّ أَوْلَى بِالْمُؤْمِنِينَ مِنْ أَنفُسِهِمْ۔(الاحزاب۳۳: ۶)

"مؤمنوں پر نبی کا حق ان کی اپنی جانوں سے بھی زیادہ ہے۔"

چنانچہ مؤمنوں پر اس حق کی ادائیگی لازم ہے۔

نبی صلی اللہ علیہ وسلم نے اسی بات کو ان الفاظ میں بیان فرمایا کہ کوئی شخص اُس

وقت تک حقیقی مومن نہیں ہو سکتا، جب تک میں اُسے اُس کی اولاد، اُس کے والدین اور اس سے متعلق سب لوگوں سے زیادہ محبوب نہ ہو جاؤں۔

ایمان و اسلام کی حقیقت

(٨٦)۔ عَنْ الْبَرَاءِ بْنِ عَازِبٍ قَالَ قَالَ النَّبِیُّ صَلَّی اللّٰهُ عَلَيْهِ وَسَلَّمَ: إِذَا أَتَيْتَ مَضْجَعَكَ فَتَوَضَّأْ وُضُوءَكَ لِلصَّلَاةِ ثُمَّ اضْطَجِعْ عَلَى شِقِّكَ الْأَيْمَنِ ثُمَّ قُلْ اللَّهُمَّ أَسْلَمْتُ وَجْهِی إِلَيْكَ وَفَوَّضْتُ أَمْرِی إِلَيْكَ وَأَلْجَأْتُ ظَهْرِی إِلَيْكَ رَغْبَةً وَرَهْبَةً إِلَيْكَ لَا مَلْجَأَ وَلَا مَنْجَا مِنْكَ إِلَّا إِلَيْكَ اللَّهُمَّ آمَنْتُ بِكِتَابِكَ الَّذِی أَنْزَلْتَ وَبِنَبِيِّكَ الَّذِی أَرْسَلْتَ فَإِنْ مُتَّ مِنْ لَيْلَتِكَ فَأَنْتَ عَلَى الْفِطْرَةِ وَاجْعَلْهُنَّ آخِرَ مَا تَتَكَلَّمُ بِهِ۔ (بخاری، رقم ٢٤٧)

"براء ابن عازب سے روایت ہے کہ نبی صلی اللہ علیہ وسلم نے فرمایا: جب تم اپنے بستر پر سونے کے لیے آؤ تو اسی طرح وضو کرو جیسے نماز کے لیے کرتے ہو، پھر دائیں کروٹ پر لیٹ کر یہ کہو کہ اے اللہ، میں نے اپنے آپ کو تیرے حوالے کر دیا ہے، اور اپنا معاملہ تیرے سپرد کر دیا ہے اور تجھ سے ٹیک لگالی ہے، تیری عظمت سے لرزتے ہوئے اور تیرے اشتیاق میں بڑھتے ہوئے۔ تجھ سے بھاگ کر کہیں پناہ اور کہیں ٹھکانا نہیں، اور اگر ہے تو تیرے ہی پاس ہے۔ پروردگار، میں تیری کتاب پر ایمان لایا ہوں جو تو نے نازل کی ہے، اور تیرے نبی پر ایمان لایا ہوں جسے تو نے رسول بنا کر بھیجا ہے۔ (آپ نے فرمایا)۔ پھر اگر تم اسی رات وفات پا گئے تو تمھاری موت فطرت (اسلام)۔ پر ہو گی، (چنانچہ)۔ تم کوشش کرو کہ سونے سے پہلے تمھارے آخری کلمات یہی ہوں۔"

توضیح:

اسلام اور ایمان کیا ہے؟ ایک مسلمان اور مؤمن کی شخصیت کیسی ہوتی ہے؟ خدا کے ساتھ اُس کا کیا تعلق ہوتا ہے اور وہ اُس کی زندگی میں کیا اہمیت رکھتا ہے؟ یہ حدیث ان سب سوالوں کا جواب دیتی ہے۔

مسلمان اور مؤمن ہونے کا مطلب یہ ہے کہ انسان اپنی ذات اور اپنے سب معاملات کو خدا کے حوالے کر دے، وہ ہر معاملے میں اسی کا سہارا لے اور اسی پر اعتماد کرے اس حال میں کہ اس کا دل خدا کی محبت سے لبریز اور اسی کی عظمت سے ترساں ہو۔ وہ جانتا ہو کہ خدا سے بھاگ کر کہیں کوئی جائے پناہ نہیں مگر اسی کے پاس اور وہ اللہ کی کتاب اور اُس کے رسول پر دل کی گہرائی سے ایمان رکھتا ہو۔

اگر کسی شخص کے ہاں یہ سب کچھ موجود ہے تو پھر وہ واقعی اسلام اور ایمان کی دولت سے بہرہ یاب ہے۔

* * *

چند ایمان افروز نصیحتوں پر مبنی کتاب

ابن الجوزی کی نصیحت بیٹے کے لیے

مصنف: محمد افروز قادری

بین الاقوامی ایڈیشن منظر عام پر جلد آرہا ہے